L'homme le plus formidable de l'histoire humaine

L'homme le plus formidable de l'histoire humaine

Les secrets de sa reussite

Silerot Loemba

© 2022 Silerot Loemba

Éditeur : BoD-Books on Demand
12-14 rond-point des Champs-Élysées, 75008 Paris
Impression : Books on Demand, Norderstedt, Allemagne

ISBN : 978-2-3224-1136-8

Dépôt légal : Janvier 2022

5,28 €

INTRODUCTION

Hommes, femmes, nous avons tous en nous le désir de bien faire, de bien agir. Ce vif désir d'être bons nous motive à travailler chaque jour sur nous-mêmes : nous lisons, nous nous cultivons, nous apprenons.

Il nous arrive parfois d'imiter une personne, parce que nous la trouvons exceptionnellement bonne. Elle peut être un parent, un ami, un collègue, un enseignant, un médecin, ou même une célébrité. C'est aussi ce vif désir d'être bon qui nous pousse à chercher des modèles ou des exemples à suivre.

Assurément, ce besoin est un appel divin. D'où l'intérêt d'apprendre sur l'homme que l'on peut considérer comme le plus formidablement bon de toute l'histoire : Jésus.

Mais, qu'a-t-il fait durant sa vie ? En quoi son histoire nous concerne-t-elle ? Qu'est-ce que sa vie peut nous apporter ? Quel impact positif a-t-il laissé sur terre ? Quelle a été sa contribution au monde ? Est-il pour nous un modèle à suivre ?

Et en quoi la vie de cet homme, que nous appellerons « l'homme le plus formidable », peut-elle nous inspirer aujourd'hui ? Dans ce livre, ces questions primordiales trouveront une réponse claire à travers une présentation des étapes essentielles de sa vie.

SA NAISSANCE

D'abord, la naissance de l'homme le plus formidable fut annoncée bien avant son arrivée au monde, par les prophètes et les anges de Dieu.

Voici les paroles du prophète Esaïe : « Voilà pourquoi c'est le Seigneur lui-même qui vous donnera un signe : la vierge sera enceinte, elle mettra au monde un fils et l'appellera Emmanuel. » (Esaïe 7 : 14). Et aussi : « En effet, un enfant nous est né, un fils nous est donné, et la souveraineté reposera sur son épaule ; on l'appellera merveilleux conseiller, Dieu puissant, Père éternel, Prince de la paix. Étendre la souveraineté, donner une paix sans fin au trône de David et à son royaume, l'affermir et le soutenir par le droit et par la justice, dès maintenant et pour toujours : voilà ce que fera le zèle de l'Éternel, le maître de l'Univers. » (Esaïe 9 : 5-6).

Et le prophète Michée prédit que Jésus naîtrait à Bethléhem. (Michée 5 : 1).

Son père le sut, grâce à la révélation d'un ange du Seigneur.

« Voici de quelle manière arriva la naissance de Jésus-Christ. Marie, sa mère, était fiancée à Joseph ; or, avant qu'ils aient habité ensemble, elle se trouva enceinte par l'action du Saint-Esprit. Joseph, son fiancé, qui était un homme juste et qui ne voulait pas l'exposer au déshonneur, se proposa de rompre secrètement avec elle. Comme il y pensait, un ange du Seigneur lui apparut dans un rêve et dit : "Joseph, descendant de David, n'aie pas peur de prendre Marie pour femme, car l'enfant qu'elle porte vient du Saint-Esprit. Elle mettra au monde un fils et tu lui donneras le nom de Jésus car c'est lui qui sauvera son peuple de ses péchés." » (Matthieu 1 : 18-21).

Sa mère fut avertie de sa naissance par l'ange Gabriel.

En effet, voici ce que Luc rapporta :

« L'ange entra chez elle et dit : "Je te salue, toi à qui une grâce a été faite, le Seigneur est avec toi. Tu es bénie parmi les femmes". Troublée par cette parole, Marie se demandait ce que pouvait signifier une telle salutation. L'ange lui dit : "N'aie pas peur, Marie, car tu as trouvé grâce auprès de Dieu. Voici que tu seras enceinte. Tu mettras au monde un fils et tu lui donneras le nom de Jésus. Il sera grand et sera appelé Fils du Très-Haut, et le Seigneur Dieu lui donnera le trône de David, son ancêtre. Il règnera sur la famille de Jacob éternellement, son règne n'aura pas de fin." Marie dit à l'ange : "Comment cela se fera-t-il, puisque je n'ai pas de relations avec un homme ?" L'ange lui répondit : "Le Saint-Esprit viendra sur toi et la puissance du Très-Haut te couvrira de son ombre. C'est pourquoi le Saint Enfant qui naîtra sera appelé Fils de Dieu." » (Luc 1 : 28-35).

Et, les mages, hommes sages et de rang élevé, furent aussi informés de sa naissance par un signe.

Ainsi, Matthieu témoigna : « Jésus naquit à Bethléhem en Judée, à l'époque du roi Hérode. Or, des mages venus d'Orient arrivèrent à Jérusalem et dirent : "Où est le roi des juifs qui vient de naître ? En effet, nous avons vu son étoile en Orient et nous sommes venus pour l'adorer." » (Matthieu 2 : 1-2).

Au sujet des mages, il ajouta : « Après avoir entendu le roi, ils partirent. L'étoile qu'ils avaient vue en Orient allait devant eux jusqu'au moment où, arrivée au-dessus de l'endroit où était le petit enfant, elle s'arrêta. Quand ils aperçurent l'étoile, ils furent remplis d'une très grande joie. Ils entrèrent dans la maison, virent le petit enfant avec Marie, sa mère, se prosternèrent et l'adorèrent. Ensuite, ils ouvrirent leurs trésors et lui offrirent en cadeau de l'or, de l'encens et de la myrrhe. » (Matthieu 2 : 9-11).

Enfin, les bergers furent aussi informés de sa naissance par un ange de Dieu.

Voici ce que Luc révéla :

« Il y avait dans la même région des bergers qui passaient la nuit dans les champs pour y garder leur troupeau. Un ange du Seigneur leur apparut et la gloire du Seigneur resplendit autour d'eux. Ils furent saisis d'une grande frayeur. Mais l'ange leur dit : ″N'ayez pas peur, car je vous annonce une bonne nouvelle qui sera une source de grande joie pour tout le peuple : aujourd'hui, dans la ville de David, il vous est né un Sauveur qui est le Messie, le Seigneur. Voici à quel signe vous le reconnaîtrez : vous trouverez un nouveau-né enveloppé de langes et couché dans une mangeoire.″ » (Luc 2 : 8-12).

Au final, cette naissance annoncée d'avance par les anges et les saints prophètes de Dieu montre à quel point l'enfant qui naîtrait serait exceptionnel.

SON ENFANCE

L'enfance de Jésus fut saluée par des hommes et des femmes très pieux et très patients, tels Siméon et Anne, qui étaient capables d'identifier le Messie dans un contexte chargé d'attentes.

L'enfant Jésus fut circoncis et présenté au Seigneur.

Âgé de huit jours, l'enfant, qui deviendra l'homme le plus formidable, fut circoncis et reçut son nom.

Voici le témoignage de Luc : « Huit jours plus tard, ce fut le moment de circoncire l'enfant ; on lui donna le nom de Jésus, nom que l'ange avait indiqué avant sa conception. Quand la période de leur purification prit fin, conformément à la loi de Moïse, Joseph et Marie l'amenèrent à Jérusalem pour le présenter au Seigneur – suivant ce qui est écrit dans la loi du Seigneur : "Tout mâle premier-né sera consacré au Seigneur" – et pour offrir en sacrifice un couple de tourterelles ou deux jeunes pigeons, comme cela est prescrit dans la loi du Seigneur. » (Luc 2 : 21-24).

Car, après la naissance d'un enfant, les familles juives devaient accomplir plusieurs rites comme la circoncision, le rachat du premier-né et la purification de la mère.

La circoncision symbolisait la séparation des juifs et des non-juifs, et leur relation unique avec Dieu. C'était ainsi que tout garçon était circoncis le huitième jour après sa naissance et recevait alors son nom.

Le rachat du premier-né, quant à lui, voulait que le fils aîné soit présenté à Dieu un mois après sa naissance (Exode 13. 1-16 ; Nombre 18. 15-16). Et le rite incluait le rachat de l'enfant à Dieu à travers une offrande. Les parents reconnaissaient alors que l'enfant appartenait au Créateur, qui seul a le pouvoir de donner la vie.

Et la purification de la mère exigeait que celle-ci s'abstienne d'entrer dans le temple pendant les quarante jours suivant la naissance d'un garçon, et pendant les quatre-vingts jours suivant la naissance d'une fille.

À douze ans seulement, Jésus se rendait dans le temple, au milieu des maîtres, et étonnait déjà le monde autour de lui.

Á cet âge déjà, il voulait s'occuper des affaires de Dieu, son père.

Voici ce que Luc, le médecin, nous rapporte sur ce sujet :

« Les parents de Jésus allaient chaque année à Jérusalem pour la fête de la Pâque. Lorsqu'il eut douze ans, ils y montèrent avec lui comme c'était la coutume pour cette fête. Puis quand la fête fut terminée, ils repartirent, mais l'enfant Jésus resta à Jérusalem sans que sa mère et Joseph s'en aperçoivent. Croyant qu'il était avec leurs compagnons de voyage, ils firent une journée de chemin, tout en le cherchant parmi leurs parents et leurs connaissances. Mais ils ne le trouvèrent pas et ils retournèrent à Jérusalem pour le chercher. Au bout de trois jours, ils le trouvèrent dans le temple, assis au milieu des maîtres ; il les écoutait et les interrogeait. Tous ceux qui l'entendaient étaient stupéfaits de son intelligence et de ses réponses. Quand ses parents le virent, ils furent frappés d'étonnement, et sa mère lui dit : "Mon enfant, pourquoi as-tu agi ainsi avec nous ? Ton père et moi, nous te cherchions avec angoisse." Il leur dit : " Pourquoi me cherchiez-vous ? Ne saviez-vous pas qu'il faut que je m'occupe des affaires de mon Père ?" Mais ils ne comprirent pas ce qu'il leur disait. Puis il descendit avec eux pour aller à Nazareth et il leur était soumis. Sa mère gardait précieusement toutes ces choses dans son cœur. Jésus grandissait en sagesse, en taille et en grâce devant Dieu et devant les hommes. » (Luc 2 : 41- 52).

Oui, Jésus était avide d'apprendre et de poser des questions pleines de pertinence. Une telle sagesse chez une personne si jeune étonnait les enseignants de son époque.

En réalité, à douze ans, Jésus était presque un adulte, et sa mère Marie devait apprendre à lâcher prise, à laisser son fils devenir un homme. Il est certain qu'elle craignait de manquer de vigilance à l'égard de l'enfant que Dieu lui avait confié. C'est pourquoi elle était partie à sa recherche avec son père, Joseph.

En réfléchissant sur l'enfance de l'homme le plus étonnant, voici le conseil que nous donnent les enseignants de l'Écriture :

« Il nous est difficile de couper le cordon ombilical avec des personnes dont nous nous sommes occupés ou d'abandonner des projets que nous avons élaborés. Il est à la fois doux et pénible de voir nos enfants devenir adultes, nos élèves devenir des maîtres, nos subordonnés devenir des patrons et nos suggestions devenir des institutions. Mais lorsque vient le moment, nous devons nous retirer, en dépit de la souffrance que cela occasionne. Nos oisillons pourront alors apprendre à voler de leurs propres ailes et atteindre les sommets aux auxquels Dieu les a destinés. »

Jésus était rempli de sagesse, puisqu'il restait en communion constante avec Dieu, son père céleste.

Oui, Dieu donne généreusement la sagesse à tous ceux qui la demandent. En s'inspirant de son exemple, nous aussi nous pouvons grandir dans la sagesse, en marchant avec le Seigneur.

L'enfant Jésus resta avec ses parents à Nazareth, et il vécut sous leur autorité pendant les dix-huit années qui suivirent.

Le livre le plus vendu au monde (La Bible) ne rapporte pas d'événements qui ont marqué ces dix-huit années. Les enseignants et chercheurs disaient que c'était certainement une période où Jésus apprenait beaucoup et mûrissait. En tant qu'aîné, il devait probablement aider son père adoptif,

Joseph, dans son atelier de charpentier. Peut-être même Joseph était-il mort dans l'intervalle, lui laissant la responsabilité de la famille.

Et la routine de la vie quotidienne donnait à l'homme le plus formidable de solides connaissances.

Êtes-vous l'aîné(e) de votre famille et souffrez-vous du poids de la responsabilité familiale ? Sachez que l'homme le plus formidable était aussi l'aîné de sa famille et qu'il en a mesuré la responsabilité.

Êtes-vous un enfant adoptif ? Sachez que l'homme le plus merveilleux était aussi un enfant adoptif.

Vous demandez-vous s'il vous faut obéir à vos parents ? Sachez que Jésus, l'homme le meilleur de toute l'histoire, était soumis à ses parents humains et leur obéissait.

Les enseignants de l'Écriture nous apportent leurs savoirs : « Les enfants de Dieu ne méprisent pas les relations humaines ni les responsabilités familiales. Si le Fils de Dieu s'est soumis à ses parents humains, nous devrions d'autant plus honorer les membres de notre famille. Ne tirons jamais prétexte de notre engagement dans l'œuvre de Dieu pour justifier une attitude négligente vis-à-vis de notre famille. »

Enfin, bien qu'étant enfant unique, l'homme le plus merveilleux eût une enfance et une adolescence tout à fait normales. Il grandit, se lia d'amitié avec ses concitoyens et fut aimé de Dieu. Sur ce sujet, voici ce que les enseignants de l'Écriture nous révèlent : « Toute vie humaine doit être équilibrée. Comme pour nous, il était important pour Jésus de se développer harmonieusement à tout point de vue : physique, mental, social et spirituel. »

Vous vous demandez s'il vous faut avoir des ami(e)s ? Apprenez que l'homme le plus magnifique avait lié beaucoup de relations amicales. Nous en parlerons dans ce livre.

Vous vous demandez s'il vous faut vous développer dans certains domaines ? Sachez que Jésus, l'homme le plus génial, s'était développé sur le plan physique, mental, social et spirituel.

À TRENTE ANS

Son baptême

L'homme le plus formidable se fit baptiser – le baptême symbolisait alors « la repentance de ses péchés » – par le prophète Jean-Baptiste, même si celui-ci ne se voyait pas digne de le faire et que Jésus n'avait pas besoin de repentance, puisqu'il n'avait jamais péché. Alors que tout homme est pécheur par nature, Jésus, lui, n'a jamais commis de péchés. Oui, c'est cela être l'homme le plus formidable de l'histoire humaine.

Voici ce que Matthieu témoigna sur le baptême de l'homme le meilleur :

« Alors Jésus vint de la Galilée jusqu'au Jourdain vers Jean, pour être baptisé par lui, mais Jean s'y opposait en disant : "C'est moi qui ai besoin d'être baptisé par toi, et c'est toi qui viens vers moi ?" Jésus lui répondit : "Laisse faire maintenant, car il est convenable que nous accomplissions ainsi tout ce qui est juste," et Jean ne lui résista plus. Dès qu'il fut baptisé, Jésus sortit de l'eau. Alors le ciel s'ouvrit (pour lui) et il vit l'Esprit de Dieu descendre comme une colombe et venir sur lui. Au même instant, une voix fit entendre du ciel ces paroles : "Celui-ci est mon Fils bien-aimé, qui a toute mon approbation." » (Matthieu 3 : 13-17).

Vous vous demandez peut-être s'il vous faut être baptisé ? Sachez que même Jésus, l'homme le plus formidable, s'est fait baptiser, alors qu'il était sans péchés.

Le début de son ministère

L'homme le plus formidable commença son ministère à trente ans. Car, d'après la loi de l'époque, c'était l'âge minimal requis pour officier en tant que prêtre (Nombre 4 : 3).

C'était aussi l'âge auquel Joseph entra au service du pharaon d'Égypte (Genèse 41 : 36), et également celui de David lorsqu'il devint roi de Judée (2 Samuel 5 : 4).

C'était donc le bon moment pour entreprendre une tâche importante au sein de la culture juive.

Le Seigneur Jésus se fut préparé et attendit le temps fixé par Dieu pour commencer son ministère. Ainsi, nous aussi devons-nous nous préparer, nous former et attendre le temps fixé par Dieu pour commencer notre propre ministère.

Et, dès le début, le Seigneur Jésus fut tenté par Satan.

Voici les événements que Matthieu nous rapporte sur la tentation de Jésus :

« Puis Jésus fut emmené par l'Esprit dans le désert pour être tenté par le diable. Après avoir jeûné quarante jours et quarante nuits, il eut faim. Le tentateur s'approcha et lui dit :

"Si tu es le Fils de Dieu, ordonne que ces pierres deviennent des pains." Jésus répondit : "Il est écrit que l'homme ne vivra pas de pain seulement, mais de toute parole qui sort de la bouche de Dieu." Le diable le transporta alors dans la Ville Sainte, le plaça au sommet du temple et lui dit : "Si tu es le Fils de Dieu, jette-toi en bas ! car il est écrit : Il donnera des ordres à ses anges à ton sujet et ils te porteront sur les mains, de peur que ton pied ne heurte une pierre." Jésus lui dit : "Il est aussi écrit : Tu ne provoqueras pas le Seigneur, ton Dieu." Le diable le transporta encore sur une très haute montagne, lui montra tous les royaumes du monde et leur gloire et lui dit : "Je te donnerai tout cela, si tu te prosternes pour m'adorer." Jésus lui dit alors : "Retire-toi, Satan ! car il est écrit que c'est le Seigneur, ton Dieu, que tu adoreras et c'est lui seul que tu serviras." Alors le diable le laissa. Et voici que des anges s'approchèrent de Jésus et le servirent. » (Matthieu 4 : 1-11).

C'était vraiment un combat spirituel que Jésus mena face au diable.

Êtes-vous tenté par le diable, aujourd'hui ? Apprenez que l'homme le plus extraordinaire était aussi tenté par le diable.

L'homme le plus formidable était capable de résister à toutes les tentations du diable, parce qu'il connaissait l'Écriture et y obéissait. En réalité, la Parole de Dieu est une épée qu'il convient de bien manier dans le combat spirituel (Éphésiens 6 : 17).

Le diable tentait de troubler les perspectives de Jésus en l'amenant à se centrer sur le pouvoir terrestre et non sur les projets de Dieu.

En vérité, la tentation mélange souvent un besoin réel et un doute, créant ainsi un désir inapproprié. Ainsi, Jésus démontra à la fois l'importance de connaître les Écritures et leur efficacité pour combattre la tentation.

Son enseignement

Le Seigneur Jésus est venu dans ce monde **pour nous enseigner comment vivre et comment être sauvés**. Quelle source d'inspiration pour nous ! Quelle motivation pour étudier ses paroles et sa vie !

Sur son enseignement, voici ce que Luc témoigna : « On était frappé par son enseignement, car il parlait avec autorité. » (Luc 4 : 32).

Mais quels étaient concrètement ses enseignements ?

Parlons-en !

Jésus enseigna sur le pardon (Matthieu 18 : 21- 35).

Voici d'abord ce que Jésus dit sur le pardon : « Faites bien attention à vous-mêmes. Si ton frère a péché contre toi, reprends-le et, s'il reconnaît ses torts, pardonne-lui. Et s'il a péché contre toi sept fois dans une journée et que sept fois dans la journée il revienne vers toi et dise : ″J'ai eu tort,″ tu lui pardonneras. » (Luc 17 : 3-4).

Jésus ne se contenta pas d'enseigner sur le pardon, il prouva aussi qu'il savait pardonner.

Les exemples suivants nous encouragent à reconnaître son désir de nous pardonner aussi aujourd'hui : il pardonna au paralysé descendu sur le toit (Matthieu 9 : 2-8), à la femme adultère (Jean 8 : 3-11), à la femme qui versa du parfum sur lui (Luc 7 : 47-50), à Pierre qui nia le connaître (Jean 18 : 15-18), au brigand sur la croix (Luc 23 : 39-43), à ceux qui l'eurent crucifié (Luc 23 : 34).

Jésus montrait par là que Dieu serait prêt à repartir de zéro avec nous, si nous venions à lui, acceptions nos torts et le pardon qu'il nous offrait.

Il enseigna sur la foi.

Voici ce qu'il disait sur la foi : « Si vous aviez de la foi comme une graine de moutarde, vous diriez à ce mûrier : "Déracine-toi et va te planter dans la mer, et il vous obéirait". » (Luc : 17. 6).

Ainsi, il voulait dire que la quantité de foi importe moins que son authenticité, et qu'avoir la foi, c'était dépendre entièrement de Dieu et être prêt à se soumettre à sa volonté.

Pour lui, la foi n'était pas une disposition qu'on étalait devant autrui ; c'était une obéissance complète et pleine d'humilité à la volonté divine, une disponibilité à faire tout ce que Dieu demandait. Enfin, il désirait signifier à ses disciples que le volume de foi était moins important que sa justesse : la foi devait être placée dans Dieu tout-puissant.

Il instruisit ses disciples sur l'accomplissement des Écritures (Luc 24 : 44-49).

Il enseigna sur le royaume de Dieu (Luc 13 : 18-21).

Les juifs qui écoutaient Jésus s'attendaient à ce que le Messie apparaisse comme un grand roi, un chef qui les libérerait de la domination romaine et redonnerait à Israël sa gloire d'antan, au temps du roi David et du roi Salomon. Mais Jésus les détrompait en leur révélant que son royaume s'établirait en douceur. Car, comme une semence de moutarde se développait et devenait un arbre ou qu'une pincée de levain faisait lever et doubler de volume toute une pâte, le royaume de Dieu progresserait jusqu'à transformer le monde (Luc 13 : 18-21).

Sur l'entrée dans le royaume de Dieu, Jésus dit (Luc 13 : 22-30) : « Efforcez-vous d'entrer par la porte étroite, car, je vous le dis, beaucoup chercheront à entrer et ne le pourront pas. » Et il précisa : « C'est là qu'il y aura des pleurs et des grincements de dents, quand vous verrez Abraham, Isaac, Jacob et tous les prophètes dans le royaume de Dieu et que vous, vous serez jetés dehors. On viendra de l'est et de l'ouest, du nord et du sud, et l'on se mettra à table dans le royaume de Dieu. Certains parmi les derniers seront les premiers et d'autres parmi les premiers seront les derniers. »

Et sur la venue du royaume de Dieu, il dit (Luc 17 : 20-3) : « Le royaume de Dieu ne vient pas en se faisant remarquer. On ne dira pas qu'il est ici, ou qu'il est là. Car le royaume de Dieu est au milieu de vous. ».

En réalité, les Pharisiens ignoraient que le royaume de Dieu était déjà là ! Cependant, il ne ressemblait pas à un royaume terrestre avec des frontières géographiques bien délimitées.

Quand Jésus dit : « Le royaume de Dieu est au milieu de vous », cela signifiait que le royaume de Dieu commençait par le travail de l'Esprit de Dieu dans le cœur des hommes et dans leurs relations.

Assurément, ce n'est pas dans les institutions religieuses et leurs programmes que nous devons chercher des preuves de l'expansion du royaume, mais plutôt dans les cœurs, afin d'y voir l'action de Dieu.

Il prêcha sur le mariage et le divorce.

Il dit : « Que l'homme ne sépare donc pas ce que Dieu a uni. » (Marc 10 : 2-11).

Il enseigna sur la prière (Luc 11 : 1-13).

Il instruisit sur le non-jugement (Luc 6 : 37-42).

Il dit : « Ne jugez pas et vous ne serez pas jugés ; ne condamnez pas et vous ne serez pas condamnés ; pardonnez et vous serez pardonnés. »

Il enseigna sur l'argent

Il dit : « Ne vous amassez pas des trésors sur la terre, où les mites et la rouille détruisent et où les voleurs percent les murs pour voler, mais amassez-vous des trésors dans le ciel, où les mites et la rouille ne détruisent pas et où les voleurs ne peuvent pas percer les murs ni voler. Car, là où est ton trésor, là aussi sera ton cœur.» (Matthieu 6 : 19-24).

Il enseigna l'amour envers les ennemis.

Voici ce qu'il dit sur ce sujet : « Mais je vous le dis, à vous qui m'écoutez : "Aimez vos ennemis, faites du bien à ceux qui vous détestent, bénissez ceux qui vous maudissent, priez pour ceux qui vous maltraitent." » (Luc 6 : 27-36)

Il enseigna à être des serviteurs (Matthieu 20 : 20-28).

Il enseigna que la vraie grandeur passait par le service.

Voici ce que les enseignants de l'Écriture nous apprennent : « Si nous occupons une position d'autorité, rappelons-nous que ce ne doit pas être pour nous un moyen de satisfaire notre orgueil ou notre ambition, ni d'imposer le respect, mais de servir le plus utilement possible Dieu et sa création ».

Il enseigna à construire sur un rocher : (Luc 6 : 46-49).

Il enseigna à porter des fruits.

Il dit : « Un bon arbre ne porte pas de mauvais fruits ni un mauvais arbre de bons fruits, car chaque arbre se reconnaît à son fruit. On ne cueille pas des figues sur des ronces et l'on ne vendange pas des raisins sur des ronces. L'homme bon tire de bonnes choses du bon trésor de son cœur, et celui qui est mauvais tire de mauvaises choses du mauvais trésor de son cœur, car sa bouche exprime ce dont son cœur est plein. » (Luc 6 : 43-45).

Il enseigna à prier avec foi.

Il dit : « Tout ce que vous demanderez avec foi par la prière, vous le recevrez. » (Matthieu 21 : 22).

Il instruisit sur la pureté intérieure.

Il dit : « En effet, c'est de l'intérieur, c'est du cœur des hommes que sortent les mauvaises pensées, les adultères, l'immoralité sexuelle, les meurtres, les vols, la soif de posséder, les méchancetés, la fraude, la débauche, le regard envieux, la calomnie, l'orgueil, la folie. Toutes ces choses mauvaises sortent du dedans et rendent l'homme impur. » (Marc 7 : 1-23).

Voici l'observation que firent les enseignants de l'Écriture sur ce sujet : « Une mauvaise action commence par une mauvaise pensée. Si nous entretenons des pensées de convoitise, d'envie, de haine ou de vengeance, nous commettons des actes coupables. Ne nous salissons pas nous-mêmes en pensant au mal. Suivons plutôt le conseil de Paul (Philippiens 4 : 8) et portons nos pensées sur ce qui est digne d'être aimé et mérite l'approbation. »

Ainsi, ce conseil de Paul constitue un remède pour atteindre la pureté intérieure. Voici ce qu'il recommande : « Enfin, frères et sœurs, portez vos pensées sur ce qui est vrai, tout ce qui est honorable, tout ce qui est juste, tout ce qui est pur, tout ce qui est digne d'être aimé, tout ce qui mérite l'approbation, ce qui est synonyme de qualité morale et ce qui est digne de louange. »

Il enseigna sur le don

Il dit : « Donner et on vous donnera : on versera dans le pan de votre vêtement une bonne mesure, tassée, secouée et qui déborde, car on utilisera pour vous la même mesure que celle dont vous vous serez servis. » (Luc 6 : 38).

Il montrait de cette façon que le principe divin est : « Donner et on vous donnera ».

Il enseigna sur la façon de le suivre (Luc 9 : 51-62).

Le Seigneur Jésus attend de nous un engagement total et non un cœur partagé. Nous ne pouvons pas prendre quelques idées par-ci par-là dans son enseignement quand cela nous chante : il faut accepter la croix aussi bien que la couronne. Il s'agit de calculer les coûts et d'être prêts à renoncer à tout ce qui nous a procuré un sentiment de sécurité, sans regarder en arrière. Si Jésus est au centre de nos préoccupations, plus rien ne devrait nous distraire et nous empêcher de le suivre.

Êtes-vous enseignant(e) ? Et rencontrez-vous parfois des difficultés dans l'exercice de votre métier ? Sachez que le Seigneur Jésus comprend tout ce que vous endurez au quotidien, parce qu'il a lui aussi exercé ce métier.

En réalité, l'homme le plus formidable était un **enseignant itinérant**, de passage dans les synagogues, il lisait et enseignait les Écritures en partageant son savoir.

Chers enseignant(e)s, n'oubliez pas que vous exercez l'un des plus beaux métiers au monde : la transmission du savoir.

La vie et les enseignements de Jésus ont servi de fondations sur lesquelles l'Église s'est bâtie.

SES HABITUDES

Le Seigneur Jésus se rendait à la synagogue chaque semaine.

Nous avons tous nos habitudes, l'homme le plus formidable avait aussi les siennes. En effet, il avait l'habitude de se rendre à la synagogue. Oui, il était le Fils de Dieu parfait et trouvait que la synagogue locale laissait incontestablement à désirer. Pourtant, il participait chaque semaine aux services.

Trouvons-nous encore des excuses pour ne pas aller au culte ou à l'église ? Retenons que Jésus, l'homme le plus formidable, se rendait au culte chaque semaine.

Sur ce sujet, voici ce que les enseignants de l'Écriture nous font observer : « Nos excuses pour ne pas aller à l'église semblent bien pâles et égocentriques, à côté de son exemple. Le culte devrait faire partie intégrante de notre vie. »

Il avait une vie de prière.

L'homme le plus merveilleux avait l'habitude de se lever tôt le matin pour prier seul (Marc 1 : 35). Si le Fils de Dieu éprouvait le besoin d'être seul pour un temps de prière et de rafraîchissement spirituel, cela ne devrait-il pas être d'autant plus vrai pour nous ?

Ainsi, les serviteurs de Dieu nous donnent ce conseil : « Refusons de foncer tête baissée dans toutes sortes d'activités qui ne nous laisseront plus un seul instant pour entretenir notre communion avec Dieu. Quelle que soit la masse de travail à accomplir, prenons toujours le temps de prier. »

Il remerciait Dieu constamment (Jean 11 : 41 ; 6 : 11).

Avons-nous du mal à manifester de la reconnaissance pour les bienfaits de Dieu ? Souvenons-nous que le Seigneur Jésus était constamment reconnaissant envers Dieu, son Père.

Il avait aussi l'habitude de se rendre au mont des Oliviers (Luc 22 : 39).

Le mont des Oliviers n'était pas seulement un lieu de recueillement pour lui et ses disciples, il était aussi un lieu important pour l'histoire et pour les prophéties.

Ainsi, c'est au mont des Oliviers qu'il fut arrêté avant sa crucifixion. C'est à cet endroit qu'il parla de l'avenir, de son retour et de la fin du monde (Matthieu 24). C'est aussi là qu'il monta au ciel après avoir donné ses ordres, par le Saint-Esprit, aux apôtres qu'il avait choisis (Actes 1 : 1-3). Enfin, c'est dans ce lieu qu'il reviendra pour gouverner la terre entière, d'après la prédiction du prophète Zacharie (Zacharie 14.1-11).

Oui, le prophète Zacharie précisait bien dans sa prophétie que ses pieds se poseront, ce jour-là, sur le mont des Oliviers, qui est en face de Jérusalem, à l'est (Zacharie 14 : 4).

SES MIRACLES

En trois ans et demi de ministère terrestre, le Seigneur Jésus accomplit beaucoup de choses, des signes, des prodiges et des miracles. Ces miracles étaient des événements surnaturels qui orientaient les regards vers Dieu. C'étaient des actes d'amour de la part de celui qui est amour (Dieu).

Son disciple Jean écrivit : « Jésus a fait encore beaucoup d'autres choses. Si on les écrivait en détail, je ne pense pas que le monde entier pourrait contenir les livres qu'on écrirait. » (Jean 21 : 25).

Voici quelques exemples des miracles que le Seigneur Jésus accomplit.

Il nourrit cinq mille hommes. Ses deux fidèles disciples, Matthieu et Jean, témoignèrent de ce miracle dans leurs évangiles (Matthieu 14 : 15-21 ; Jean 6 : 5-14).

Il ressuscita la fille de Jaïrus. Ses trois disciples Matthieu, Marc et Luc témoignèrent de ce miracle dans leurs livres (Matthieu 9 : 18-25 ; Marc 5 : 22-24 ; Luc 8 : 41-42).

Il calma la tempête (Matthieu 8 : 23-27 ; Marc 4 : 35-41 ; Luc 8 : 22-25).

Il guérit une femme malade d'hémorragie depuis douze ans. Matthieu, Marc et Luc rapportèrent ce miracle dans leurs évangiles (Mathieu 9 : 20-22 ; Marc 5 : 25-34 ; Luc 8 : 43-48).

Il guérit un homme paralysé (Marc 2 : 1-12).

Il guérit un lépreux (Matthieu 8 :1-4).

Il guérit la belle-mère de Pierre (Matthieu 8 : 14-17).

Il nourrit encore quatre mille hommes, sans compter les femmes et les enfants (Matthieu 15 : 32-38).

Il marcha sur l'eau. Ses disciples Matthieu, Marc et Jean témoignèrent de ce miracle dans leurs évangiles (Matthieu 14 : 22-23 ; Marc 6 : 45-52 ; Jean 6 : 16-21).

Il guérit deux aveugles (Matthieu 9 : 27-31).

Il guérit un sourd-muet en chassant le démon qui était en lui. Matthieu témoigna que ce jour-là la foule était émerveillée et disait : « On n'a jamais rien vu de pareil en Israël » (Matthieu 9 : 32-34).

Il guérit un homme le jour du sabbat. Luc, disciple du Seigneur Jésus, témoigna que l'homme malade avait une main droite paralysée, et que le Seigneur Jésus le guérit complètement (Luc 6 : 11).

Il guérit le serviteur d'un officier romain. Matthieu, disciple et témoin oculaire, témoigna de ce miracle dans son évangile (Matthieu 8 : 5-13).

Il guérit le fils d'une veuve. Luc précisa que c'était le fils unique d'une veuve. Et il témoigna que le Seigneur Jésus fut rempli de compassion en voyant cette veuve, qu'il ressuscita le fils et le rendit à sa mère (Luc 7 : 11-17).

Il maudit le figuier. Matthieu parla de ce miracle dans son évangile (Matthieu 21 : 18-22).

Il guérit l'aveugle de Bartimée. Le disciple Marc témoigna de ce miracle dans son évangile (Marc 10 : 46-52).

Il guérit aussi un aveugle à Bethsaïda (Marc 8 : 22-26).

Il guérit une femme courbée. Luc rapporta que ce miracle s'était produit le jour du sabbat, et que la femme était habitée par un esprit qui l'avait rendue infirme pendant dix-huit ans (Luc 13 : 10-17).

Il guérit un garçon possédé par un démon. Le disciple Matthieu témoigna dans son évangile que cet homme était épileptique et souffrait cruellement. Jésus menaça le démon, qui sortit de l'enfant, et celui-ci fut guéri à partir de ce moment-là (Matthieu 17 : 14-18).

Il chassa un démon d'une fillette. C'était la fille d'une femme cananéenne (Matthieu 15 : 21-28).

Il envoya des démons dans des porcs. Ces démons sortirent d'un homme que le Seigneur Jésus avait délivré. Luc témoigna que ce jour-là, tous les habitants du pays des Gadaréniens demandèrent à Jésus de s'en aller de chez eux, car ils étaient saisis d'une grande crainte (Luc 8 : 26-39).

Il guérit un démoniaque aveugle et muet. Matthieu témoigna que quand le muet parla et vit, toute la foule fut étonnée et ils dirent : « N'est-ce pas là le Fils de David ? » (Matthieu 12 : 22-23).

Il demanda à Pierre d'aller prendre une pièce d'argent dans un poisson. Il fit ce miracle pour payer son impôt et celui de son disciple Simon Pierre. Cet épisode fut rapporté par son disciple Matthieu qui fut lui-même un collecteur d'impôts. (Matthieu 17 :24-27).

Vous réfléchissez à payer votre impôt ? Souvenez-vous que l'homme le plus formidable payait les siens.

Il fit une première pêche miraculeuse. Quand Simon Pierre vit cela, il tomba à genoux face au Seigneur Jésus et dit : « Seigneur, éloigne-toi de moi, parce que je suis un pécheur. » En effet, lui et ceux qui étaient avec lui étaient remplis de frayeur à cause de la pêche qu'ils avaient faite (Luc 5 : 1-11).

Il chassa un démon à Capharnaüm. Marc témoigna que, ce jour-là, le Seigneur Jésus enseignait et que le peuple était frappé par son enseignement et son autorité. Il y avait un homme dans la synagogue qui avait un esprit impur. Le Seigneur Jésus menaça cet esprit impur et celui-ci sortit de cet homme en le secouant violemment et en poussant un grand cri.

Marc précisa que, ce jour-là, tous furent si effrayés qu'ils se demandaient les uns aux autres : « Qu'est-ce que ceci ? Quel est ce nouvel enseignement ? Il commande avec autorité, même aux esprits impurs, et ils lui obéissent ! » Et la réputation du Seigneur Jésus gagna toute la région de la Galilée (Marc 1 : 21-28).

Le guérit aussi dix lépreux. Ce miracle est rapporté dans l'Évangile de Luc (Luc 17 : 11- 19). De ces dix, un seul revint remercier Jésus pour sa guérison ; les neuf autres partirent sans témoigner leur reconnaissance envers le Seigneur.

Endurez-vous toujours l'ingratitude de la part des hommes à qui vous avez prodigué des bienfaits ?

Maintenant, vous savez que même Jésus, l'homme le plus formidable, a enduré l'ingratitude de la part des hommes.

Il guérit aussi un homme rempli d'œdème. Luc témoigna que ce miracle s'était passé aussi le jour de sabbat (Luc 14 : 1-6).

Il transforma l'eau en vin. Jean rapporta que ce miracle s'était produit pendant une fête organisée pour un mariage, les noces de Cana, en Galilée. Ce jour-là, le Seigneur Jésus était invité aux noces avec ses disciples. Et il n'y avait plus de vin. La mère de Jésus dit à Jésus : « Ils n'ont plus de vin ». Jésus lui répondit : « Que me veux-tu, femme ? Mon heure n'est pas encore venue. » Sa mère dit aux serviteurs : « Faites tout ce qu'il vous dira. » C'est à ce moment-là que Jésus leur demanda de remplir d'eau les six jarres de pierre, destinées aux purifications des juifs, qui pouvaient contenir chacune une centaine de litres. Quand les serviteurs les remplirent d'eau jusqu'au bord, Jésus leur dit : « Puisez maintenant et apportez-en à l'organisateur du repas. » Et ils en apportèrent à l'organisateur du repas, qui goûta l'eau changée en vin. Il ne savait pas d'où venait ce vin, tandis que les serviteurs qui avaient puisé l'eau savaient que c'était Jésus qui avait produit ce miracle. Jean témoigna que ce miracle fut le premier des signes miraculeux que fit Jésus (Jean 2 : 1-11).

Il guérit aussi un paralysé à Béthesda. Jean attesta que cet homme était infirme depuis trente-huit ans et Jésus le guérit. Et Jean révéla que, quelque temps plus tard, quand Jésus retrouva cet homme dans le temple, il lui dit : « Te voilà guéri. Ne pèche plus, de peur qu'il ne t'arrive quelque chose de pire. » Cet homme s'en alla annoncer aux juifs que c'était Jésus qui l'avait guéri. (Jean 5 : 1-15).

Il guérit un aveugle-né. Jeans témoigna que, ce jour-là, les disciples posèrent au Seigneur Jésus la question suivante : « Maître, qui a péché, cet homme ou ses parents, pour qu'il soit né aveugle ? » Le Seigneur Jésus répondit : « Ce n'est pas que lui ou ses parents aient péché, mais c'est afin que les œuvres de Dieu soient révélées en lui. » Après avoir dit cela, le Seigneur Jésus guérit cet homme (Jean 9 : 1-11).

Il ressuscita Lazare. Lazare était le frère de Marthe et Marie. Et le Seigneur Jésus les aimait tous les trois. C'est pourquoi, avant de ressusciter Lazare, Jésus pleura. En le voyant pleurer, les juifs dirent alors : « Voyez comme il l'aimait. » Jean témoigna de ce miracle dans son évangile (Jean 11 : 1-44).

Il guérit l'oreille coupée du serviteur du grand prêtre. Jean et Luc déclarèrent que le Seigneur Jésus avait accompli ce miracle le jour de son arrestation. Ce jour-là, Pierre frappa Malchus, le serviteur du grand prêtre Caïphe, et lui emporta l'oreille droite. Mais le Seigneur Jésus dit à Pierre : « Remets ton épée dans son fourreau. Ne boirai-je pas la coupe que le Père m'a donnée à boire ?». Puis il toucha l'oreille de cet homme et le guérit (Jean 18 : 1-11 ; Luc 22 : 47-53).

Enfin, il fit **une seconde pêche miraculeuse**. Jean témoigna de ce miracle dans son livre (Jean 21 : 1-14).

Le Seigneur Jésus fit même une promesse à ses disciples et à tous ceux qui croient en lui aujourd'hui : **accomplir des miracles**. Ainsi, il dit aux disciples : « Voici les signes qui accompagneront ceux qui auront cru : en mon nom, ils pourront chasser des démons, parler de nouvelles langues, attraper des serpents, et s'ils boivent un breuvage mortel, celui-ci ne leur fera aucun mal ; ils poseront les mains sur les malades et ceux-ci seront guéris. » (Marc 16 : 17-18).

C'est le verbe croire qui permet à Dieu de produire le miracle dans nos vies.

Voulez-vous voir le miracle de Dieu dans votre vie ? Alors commencer par croire.

Croyez fermement ! Croyez toujours !

Oui, dans un monde incrédule, il faut choisir de croire ! Pourquoi ? Parce que, dans un monde incrédule, le Seigneur

Jésus fit le choix de croire. Nous aussi, suivons l'exemple du Seigneur Jésus, l'homme le plus formidable.

C'est parce que le Seigneur Jésus croyait que le miracle se produisait. Voici ce qu'il déclara : « C'est pourquoi, je vous le dis : tout ce que vous demanderez en priant, croyez que vous l'avez reçu et cela vous sera accordé. » (Marc 11 : 24).

Vous êtes bénis si vous croyez !

Notons aussi que les miracles que le Seigneur Jésus accomplit avaient pour seul but de rendre gloire à Dieu.

Et gloire soit rendue à Dieu pour la vie, la mort et la résurrection du Seigneur Jésus-Christ, l'assurance de notre salut.

SA VIE

Par sa vie terrestre, le Seigneur Jésus a montré que Dieu mérite le meilleur que nous puissions lui offrir (Malachie 1 : 7-10). Oui, il s'est offert à Dieu en donnant le meilleur de lui-même : sa vie. C'est cela être l'homme le plus formidable.

En s'inspirant de l'exemple du Seigneur Jésus, voici ce que l'apôtre Paul conseilla aux croyants : « Je vous encourage donc, frères et sœurs, par les compassions de Dieu, à offrir votre corps comme un sacrifice vivant, saint, agréable à Dieu. Ce sera de votre part un culte raisonnable (Romains 12 : 1).

Ainsi, la vie de Jésus nous apprend que la grandeur ne se mesure pas à ce que nous possédons, mais à notre foi en Dieu.

Il est encore important de parler du Seigneur Jésus-Christ, parce que sa vie sur terre reflétait la vie de Dieu.

Aujourd'hui, que peut-on dire de nous lorsque les gens nous regardent ?

Notre vie reflète-t-elle la vie de Dieu ?

Oui, la volonté de Dieu est que notre vie puisse refléter la vie de Dieu. Et c'est en suivant l'exemple du Seigneur Jésus que notre vie reflétera véritablement la vie de Dieu.

Son autorité

L'autorité du Christ est supérieure à celle du diable, et les démons ne peuvent pas rester longtemps en sa présence.

En effet, les esprits mauvais ou les démons sont envoyés par Satan pour harceler les hommes et les femmes, et les pousser à pêcher. Ce sont des anges déchus qui ont suivi le diable dans sa révolte contre Dieu. Ils peuvent produire la cécité, la mutité, la surdité ou la folie.

En vérité, dès son ministère terrestre, l'homme le plus formidable a rencontré de nombreux démons, et il a toujours exercé son autorité sur eux.

Mais, avons-nous peur des démons ou du mal ?

Voici ce que les enseignants de l'Écriture nous apprennent : « Il n'y a aucun doute possible sur le fait que le mal imprègne notre monde, et cela peut nous effrayer. Cependant, le Seigneur Jésus détient un pouvoir bien supérieur à celui de Satan. »

Conscient de la supériorité de son autorité, dans le monde, des millions de personnes se servent du nom de Jésus pour exercer une autorité sur Satan et ses démons.

Alors que le Seigneur Jésus était encore sur terre, quelques hommes chassaient déjà les démons en son nom, même s'ils n'étaient pas avec lui.

Voici le témoignage que Luc nous rend à ce sujet : « Jean prit la parole et dit : ″Maître, nous avons vu quelqu'un chasser des démons en ton nom et nous l'en avons empêché, parce qu'il ne nous suit pas.″ ″Ne l'en empêchez pas, lui répondit Jésus, qui n'est pas contre nous est pour nous.″ » (Luc 9 : 49-50).

La première étape, pour triompher de nos peurs face au mal, consiste à reconnaître et à accepter l'autorité du Seigneur Jésus et son pouvoir.

Dans le combat quotidien et à vie contre le mal, nous avons besoin de l'autorité de Jésus pour vaincre le mal, parce qu'il détient une puissance et une autorité totales sur Satan et ses agents.

Il est important de relever que le Seigneur Jésus a exercé son pouvoir par désir de servir les autres. Car il n'était pas avide de pouvoir, mais il était un conducteur soucieux des autres. C'est pour cela aussi qu'il demeure l'homme le plus formidable de l'histoire humaine.

LE REJET DE JESUS PAR SA PATRIE

L'homme le plus formidable n'était pas reconnu comme prophète, même dans sa propre ville.

L'expression bien connue « Nul n'est prophète dans son village » a sa source dans les Évangiles de Luc et Matthieu, à propos du retour de Jésus à Nazareth où il était né. Là-bas, il dut subir les moqueries de ses anciens voisins.

Cela n'a pas beaucoup changé : on considère souvent comme plus capable celui qui vient de loin.

Vous n'êtes pas reconnu par votre entourage, votre société, votre ville, votre pays ?

Vous êtes rejeté par votre famille ou par votre communauté ?

Vous l'avez appris. L'homme le plus formidable aussi était rejeté par sa propre patrie.

Sur ce sujet, voici le conseil qui nous est donné par les serviteurs de Dieu :

« Ne soyons pas surpris si les membres de notre entourage ne comprennent ni notre manière de vivre en chrétiens ni notre foi. Du fait qu'ils connaissent bien notre arrière-plan, nos échecs et nos faiblesses, il peut être difficile pour eux de voir, derrière cela, la nouvelle personne que nous sommes devenus. »

Ainsi, laissons Dieu agir dans notre vie. Demandons-lui de nous aider à être de bons témoins pour lui et montrons-nous patients.

SON SERVICE

Le Seigneur Jésus est venu au monde, non pas pour être servi, mais pour servir et donner sa vie en rançon pour beaucoup (Matthieu 20 : 28).

Le Seigneur Jésus lava les pieds de ses disciples.

Oui, il servait avec dévouement tous les jours les autres et allait même jusqu'à laver les pieds de ses disciples.

Voici comment Jean en témoigna : « Jésus savait que le Père avait tout remis entre ses mains, qu'il était venu de Dieu et qu'il retournait vers Dieu. Il se leva de table, quitta ses vêtements et prit un linge qu'il mit autour de sa taille. Ensuite il versa de l'eau dans un bassin et il commença à laver les pieds des disciples et à les essuyer avec le linge qu'il avait autour de la taille. » (Jean 13 : 3-5).

Avez-vous peur de vous sentir diminué en servant vos enfants, vos élèves, vos employés, vos frères, vos sœurs, votre conjoint et vos concitoyens ? Vous l'avez appris, l'homme le plus formidable a servi ses disciples jusqu'à laver leurs pieds.

Il a montré par ce geste que, **pour être un chef digne de ce nom, il faut être aussi un serviteur dévoué.**

La guérison des malades

Toutes sortes de malades étaient amenées au Seigneur Jésus et il guérissait chacun d'eux, soit par la simple parole soit par le contact physique. C'est cela être l'homme le plus formidable.

Voici ce que Luc nous rapporte :

« Au coucher du soleil, tous ceux qui avaient des malades atteints de diverses maladies les lui amenèrent. Il guérit chacun d'eux en posant les mains sur lui. Des démons aussi sortirent de beaucoup de personnes en criant et en disant : "Tu es le Messie, le Fils de Dieu." Mais il les reprenait sévèrement et ne leur permettait pas de parler, parce qu'ils savaient qu'il était le Messie. » (Luc 4 : 40-41).

L'homme le plus formidable servit Dieu et son prochain.

Voici le commentaire que certains chercheurs ont fait sur Jésus : « Si lui, qui était Dieu incarné, a été prêt à servir, nous ses disciples, nous devons être d'autant plus disposés à nous comporter en serviteurs et à accomplir tout service, quel qu'il soit, qui honore Dieu. »

Acceptons-nous de suivre l'exemple du Christ dans son rôle de serviteur et de servir notre prochain ?

À qui pouvons-nous rendre service aujourd'hui ?

Une bénédiction spéciale est promise à ceux qui ne se contentent pas de savoir qu'un service qui est rendu dans l'humilité plaît au Christ, mais qui l'accomplissent sans arrière-pensée.

LE ROYAUME DE DIEU ET SON RETOUR

L'homme le plus formidable, c'est le Messie.

Il viendra pour le peuple de Dieu dans une époque de confusion spirituelle et de troubles politiques.

Le peuple de Dieu inclut tous ceux qui croient en Dieu (Romains 4 : 16-25 ; Galates 3 : 6-9). Ainsi, le royaume de Dieu réunira des personnes du monde entier.

D'abord, le royaume de Dieu est au milieu de nous puisque le Saint-Esprit vit dans le cœur des croyants. Pourtant, il est aussi à venir puisque le Seigneur Jésus reviendra régner sur un royaume parfait, où le péché et le mal n'existeront plus.

L'homme le plus formidable est venu aussi pour nous inciter à rechercher le royaume de Dieu.

Voici comment les enseignants de l'Écriture nous apprennent à rechercher le royaume de Dieu :

« Rechercher le royaume de Dieu, c'est reconnaître à Jésus la place de Seigneur et de roi de notre vie dans tous ses aspects : famille, travail, relations, loisirs. L'œuvre divine n'est-elle qu'une de nos nombreuses préoccupations ou est-elle au centre de tout ce que nous faisons ? Soustrayons-nous certains domaines de notre vie au contrôle de Dieu ? En tant que Seigneur et Créateur, il souhaite nous fournir tout ce dont nous avons besoin et nous aider à bien utiliser ce qu'il nous donne. »

Le Seigneur Jésus a aussi révélé que, dans le royaume de Dieu, ni la richesse ni la position ne font de différence, et que le favoritisme est clairement condamné (Jacques 2 : 1-9).

Quand les Pharisiens demandèrent à Jésus quand viendrait le royaume de Dieu, il leur répondit : « Le royaume de Dieu ne vient pas en se faisant remarquer. On ne dira pas : ″Il est ici, ou il est là, ″ car le royaume de Dieu est au milieu de vous. » (Luc 17 : 20-21).

Ainsi, le Seigneur Jésus voulait faire comprendre aux Pharisiens que le royaume de Dieu était déjà là, mais qu'il ne ressemblait pas à un royaume terrestre avec des frontières géographiques bien délimitées, et qu'il commençait par le travail de l'Esprit de Dieu dans le cœur des hommes et dans leurs relations.

En fin de compte, comme cela a été dit plus dans ce livre, ce n'est pas dans les institutions religieuses et leurs programmes que nous devons chercher des preuves de l'expansion du royaume, mais plutôt **dans les cœurs, pour voir ce que Dieu y fait.**

Voici une autre vérité concernant le royaume de Dieu : aucun de ceux qui veulent suivre Jésus n'est un étranger dans le royaume de Dieu.

Son amour

Le Seigneur Jésus, sur terre, était l'expression même de l'amour. Il était l'amour personnifié.

Oui, il consacrait son temps à répondre aux besoins des gens : c'est l'amour qui l'y incitait.

C'est cet amour qui le conduisit un jour à nourrir quatre mille personnes, sans compter les femmes et les enfants – selon la tradition juive de l'époque.

C'est encore cet amour qui l'amena un autre jour à nourrir cinq mille personnes, sans compter les femmes et les enfants.

Durant toute sa vie terrestre, il montrait qu'**Aimer, c'est aller à la rencontre des besoins des autres**. Ainsi, il nous a appris qu'aimer son prochain, c'est aimer celui qui se trouve dans le besoin, quelles que soient sa race, sa religion et sa condition.

En définitive, il révéla au monde qu'**Aimer, c'est servir Dieu et son prochain**.

Il aimait aussi profondément ses disciples.

Et c'est cet amour qui l'amena à les supporter, les nourrir, les protéger et à leur laver les pieds.

Voici ce que son disciple Jean rapporta : « Avant la fête de la Pâque, Jésus, sachant que son heure était venue de passer de ce monde au Père et ayant aimé ceux qui lui appartenaient dans le monde, les aima jusqu'à l'extrême. » (Jean 13 : 1).

C'est par amour que le Seigneur Jésus vainquit le mal par le bien, et qu'il aima ses ennemis.

C'est pourquoi il enseigna à ses disciples l'amour envers ses ennemis. Matthieu en témoigna :

« Vous avez appris qu'il a été dit : "Tu aimeras ton prochain et tu détesteras ton ennemi". Mais moi je vous dis : "Aimer vos ennemis, bénissez ceux qui vous maudissent, faites du bien à ceux qui vous détestent et priez pour ceux qui vous maltraitent et qui vous persécutent, afin d'être les fils de votre Père céleste. Car il fait lever son soleil sur les méchants et sur les bons, et il fait pleuvoir sur les justes et sur les injustes. Si vous aimez ceux qui vous aiment, quelle récompense méritez-vous ? Les collecteurs d'impôts n'agissent-ils pas de même ? Les membres des autres peuples n'agissent-ils pas de même ? Soyez donc parfaits comme votre Père céleste est parfait." » (Matthieu 5 : 43-48).

Dans sa vie terrestre, l'amour profond dont Jésus a fait preuve envers tous, même ses ennemis, témoigne qu'on peut le qualifier d'homme le plus formidable de toute l'histoire.

C'est par amour qu'il pardonna à l'un de ses disciples, Pierre, qui l'avait renié.

C'est aussi par cet amour qu'il pardonna à ceux qui l'avaient crucifié (Luc 23 : 34).

Le Seigneur Jésus souligna que tous les commandements avaient le même objectif : **nous aider à aimer Dieu et les autres comme nous le devons**.

Les paroles du Seigneur Jésus sur l'amour

Voici ce que Jésus dit sur l'amour :

- Dieu nous aime (Jean 3 : 16) ;
- Nous devons aimer Dieu (Matthieu 22 : 37) ;
- Dieu prend soin de nous parce qu'il nous aime (Matthieu 6 : 25-34) ;
- Dieu veut faire connaître son amour à tous (Jean 17 :23) ;
- Dieu a de l'amour même pour ceux qui le haïssent ; c'est un exemple à suivre (Matthieu 5 : 43-47 ; Luc 6 : 35) ;
- Dieu cherche ceux qui semblent les plus éloignés de lui (Luc 15) ;
- Dieu doit être notre premier amour (Matthieu 6 : 24 ; 10 : 37) ;
- Aimer Dieu, c'est lui obéir (Jean 14 : 21 ; 15 : 10) ;
- Dieu aime son Fils Jésus (Jean 5 : 20 ; 10 : 17) ;
- Jésus aime Dieu (Jean 14 : 31) ;
- Ceux qui rejettent Jésus n'ont pas l'amour de Dieu (Jean 5 : 41-44) ;
- Jésus nous aime comme Dieu aime Jésus (Jean 15 : 9) ;

- Jésus prouve son amour envers nous en mourant sur la croix pour que nous puissions vivre éternellement avec lui (Jean 3 : 14-15 ; 15 : 13-14) ;
- L'amour entre Dieu et Jésus est le parfait exemple de ce que doit être notre amour pour les autres (Jean 17 : 21-26) ;
- Nous devons nous aimer les uns les autres et manifester concrètement cet amour (Jean 13 : 34-35 ; Matthieu 5 : 40-42 ; 10 : 42) ;
- N'aimons pas les louanges des hommes (Jean 14 :43), les honneurs (Matthieu 23 : 6), les possessions terrestres (Luc 6 : 19-31) ou quoi que ce soit d'autre plus que Dieu (Luc 16 : 13) ;
- L'amour de Jésus est accessible à chacun (Marc 10 : 21 ; Jean 10 : 11-15) ;
- Jésus veut que nous l'aimions en tout temps, dans les bons comme dans les mauvais moments (Matthieu 26 : 31-35) ;
- Jésus veut que notre amour soit vrai (Jean 21 : 15-17).

Les actes d'amour de Jésus

Le Seigneur Jésus révéla que les actes d'amour sont : **la compassion, la bonté, l'humilité, la douceur, la patience et le pardon**. Oui, toute sa vie et son ministère étaient aussi motivés par ces actes d'amour. C'est cela être l'homme le plus formidable de l'histoire humaine.

SES NOMS

Le Seigneur Jésus se désignait par des noms différents, qui mettaient en évidence ses diverses actions en faveur du peuple. Certains de ces noms renvoyaient aux prophètes de l'Ancien Testament, d'autres servaient à faire mieux comprendre au peuple sa mission et sa nature.

Voici quelques-uns de ces noms :

Le fils de l'homme : C'était le nom préféré de Jésus, qui soulignait son humanité, mais la manière dont il l'utilisa était une affirmation de sa divinité (Jean 6 : 27).

Le pain de la vie : Ce nom soulignait que Jésus donne la vie ; il est la source de la vie éternelle (Jean 6 : 35).

La lumière du monde.

La lumière est le symbole de la vérité spirituelle. Et le Seigneur Jésus est la réponse au besoin de vérité spirituelle de l'homme (Jean 8 : 12).

Á la lumière de Jésus, nous nous voyons tels que nous sommes : des pécheurs qui ont besoin d'un Sauveur. Lorsque nous suivons Jésus, la vraie lumière, nous n'avons plus à marcher à l'aveuglette et à tomber dans le péché.

Avons-nous besoin d'être éclairés ? Laissons-nous la lumière du Christ briller dans notre vie ?

Laissons le Seigneur Jésus nous diriger, cela nous évitera de trébucher dans l'obscurité.

La porte des brebis : Jésus est le seul chemin pour entrer dans le royaume de Dieu. Jean témoigna de ce qu'il leur révéla : « Jésus leur dit : "En vérité, je vous le dis, je suis la porte des brebis." » (Jean 10 : 7).

Le bon berger : C'est une affirmation claire de sa divinité, qui met l'accent sur son amour et son rôle de guide (Jean 10 : 11).

La résurrection et la vie : Cela signifie que non seulement le Seigneur Jésus est la source de la vie, mais aussi qu'il a tout pouvoir sur la mort (Jean 11. 25).

Le chemin, la vérité et la vie : Cela signifie que c'est en Jésus que se trouve le moyen d'accéder à Dieu, le message fondamental et le sens de la vie pour chacun. Cette expression résume l'objectif de sa venue sur terre (Jean 14 : 6).

Le vrai cep : Ce titre comporte une contrepartie importante : « Vous êtes les sarments. » Le Seigneur Jésus nous rappelle que, à l'instar des sarments par rapport au cep, nous sommes totalement dépendants de lui pour notre vie spirituelle (Jean 15 : 1- 17).

Voici encore les autres noms du Seigneur Jésus révélés dans le livre de l'apocalypse. En effet, chacun révèle un trait de la personne de Jésus et souligne un aspect particulier de son rôle dans le plan de salut de Dieu.

Le premier et le dernier (Apocalypse 1 : 17).

Le vivant (Apocalypse 1 : 18).

Le Fils de Dieu (Apocalypse 2 : 18).

Le témoin fidèle et véritable (Apocalypse 3 : 14).

Le lion de la tribu de Juda (Apocalypse 5 : 5).

Le rejeton de la famille de David (Apocalypse 5 : 5).

L'Agneau (Apocalypse 5 : 6).

Le Messie (Apocalypse 12 : 10).

Fidèle et Véritable (Apocalypse 19 : 11).

La Parole de Dieu (Apocalypse 19 : 13).

Rois des rois (Apocalypse 16 : 16).

Seigneur des seigneurs (Apocalypse 16 : 16).

L'Alpha et l'Oméga (Apocalypse 22 : 13).

Le commencement et la fin (Apocalypse 22 : 13).

L'étoile brillante du matin (Apocalypse 22 : 13).

SA GOUVERNANCE

Le Seigneur Jésus avait une façon de diriger unique dans l'histoire. En effet, il dirigeait en servant. Et il transmit à ses disciples cette façon de gouverner, par l'esprit de service.

Deux faits marquants témoignèrent de cette façon de diriger.

D'abord, quand il lava les pieds de ses disciples, comme en témoigna Jean (Jean 13 : 1-18). Ce geste montre que Jésus était un modèle de serviteur et de dirigeant.

Ensuite, lorsqu'il découvrit l'existence d'une rivalité entre ses disciples et – afin de déterminer qui devait être considéré comme le plus grand parmi eux – qu'il déclara : «Les rois des nations dominent sur leurs peuples et ceux qui exercent le pouvoir se font appeler bienfaiteurs. Que cela ne soit pas votre cas, mais que le plus grand parmi vous soit comme le plus jeune, et celui qui commande comme celui qui sert. » (Luc 22 : 24-26).

Le Seigneur Jésus montrait par là qu'**un vrai chef a le cœur d'un serviteur**.

Il montrait aussi, par sa façon de diriger, que la manière de gouverner dans le monde est généralement bien différente de celle voulue par Dieu.

Sur ce sujet, voici ce que les enseignants de l'Écriture nous révèlent : « Il y a plusieurs façons de diriger : en parlant en public, en gérant des affaires ou encore en entretenant des relations. Mais, parmi les chrétiens, le responsable est celui qui sert le mieux ; il devrait avoir un cœur de serviteur. Exerçons-nous des responsabilités ? Demandons-nous comment nous pouvons servir au mieux. »

Comment traitons-nous ceux qui sont placés sous notre autorité, que ce soient des enfants, des employés ou des bénévoles ?

Son père terrestre

Peut-on parler de l'homme le plus formidable de l'histoire humaine, sans dire un mot sur son père terrestre ?

Le père terrestre de Jésus s'appelait Joseph. Il était charpentier. C'était un homme intègre et aux convictions fermes. Il était prêt à faire ce qui est juste, même s'il était conscient qu'il en souffrirait. Il avait aussi un autre trait de caractère : il essayait non seulement de faire ce qui est juste, mais aussi de l'accomplir de la bonne manière.

Lorsque Marie annonça sa grossesse à Joseph, il savait que l'enfant n'était pas de lui. Il hésita sans doute à croire que sa fiancée avait fauté, compte tenu de son respect pour elle, de l'explication qu'elle lui donna et de son attitude envers l'enfant à venir.

Pourtant, un autre était bel et bien le père de l'enfant, et Joseph eut de la peine à admettre que cet autre puisse être Dieu. Il décida alors de rompre les fiançailles, mais sans exposer Marie au déshonneur public. Car il avait l'intention d'agir avec justice et amour.

C'est ainsi que Dieu envoya un messager à Joseph pour confirmer les affirmations de Marie et l'amener sur un autre chemin d'obéissance : prendre Marie comme épouse. Joseph obéit à Dieu, épousa Marie et honora sa virginité jusqu'à la naissance du bébé Jésus (Matthieu 1 : 18-25).

Il est difficile de savoir combien de temps Joseph joua son rôle de père. Ce qui est certain, c'est qu'il enseigna le métier de charpentier à son fils Jésus et qu'il lui donna une base spirituelle. Le nom de Joseph est mentionné une dernière fois dans les Évangiles quand Jésus avait douze ans et que toute la famille se rendait à Jérusalem pour la Pâque (Luc 2 : 41-52), fête que Jésus continua de célébrer pendant le reste de sa vie.

Dès le moment où il entendit les paroles de l'ange, Joseph sut que Jésus était quelqu'un d'exceptionnel. Cette conviction ferme et sa volonté de suivre la direction indiquée par Dieu donnèrent à Joseph la force d'assumer son rôle de père terrestre de Jésus.

Voici les points forts de Joseph :

- Il était un homme intègre (Matthieu 1 : 19) ;
- Il était descendant du roi David (Matthieu 1 : 20) ;
- Il était le père légal et terrestre de Jésus ;
- Il était un homme réceptif à la direction divine, et prêt à obéir à Dieu, quelles qu'en soient les conséquences.

Sommes-nous réceptifs et prêts à obéir à Dieu comme Joseph ?

Voici les leçons à retenir sur Joseph, le père terrestre de Jésus :

- Dieu honore l'intégrité ;

- Le statut social n'a pas d'importance lorsque Dieu choisit de nous utiliser ;
- Plus nous obéissons à la volonté de Dieu, plus il nous conduit ;
- Les sentiments ne donnent pas une mesure correcte du caractère juste ou injuste d'une action.

SA MERE, MARIE DE NAZARETH

Peut-on parler de Jésus sans dire un mot sur la mère qui l'allaita ?

Marie de Nazareth a joui d'un privilège unique d'avoir été la mère du Fils de Dieu. Ses joies et ses peines peuvent être comprises par les mères du monde entier.

Avant la visite de l'ange Gabriel, Marie menait une vie normale. Après avoir été fiancée à un charpentier, Joseph, elle se réjouissait probablement à la perspective de son mariage. Mais sa vie fut changée radicalement lorsque l'ange la visita.

En réalité, les anges n'ont pas l'habitude de prendre rendez-vous. Marie fut troublée par la salutation de l'ange, car elle se vit félicitée comme si elle avait remporté une course. La nouvelle qu'elle reçut était celle que toutes les femmes en Israël auraient aimé entendre : son enfant serait le Messie, le Sauveur promis par Dieu.

Marie ne douta pas du message de Dieu donné par l'ange Gabriel. Au contraire, elle donna la réponse que le Seigneur attendait en vain de tant de personnes. Elle déclara : « **Je suis la servante du Seigneur. Que ta parole s'accomplisse pour moi.** » (Luc 1 : 38).

Par sa réponse à Dieu et son cantique (Luc 1 : 46-55), Marie montra qu'elle connaissait Dieu.

En tant que mère, elle supporta la souffrance de voir son fils rejeté et crucifié par les hommes qu'il était venu sauver.

Elle pleura beaucoup le jour où elle vit son fils mourir sur la croix.

D'abord, elle était restée veuve suite à la mort de son mari Joseph.

Ensuite, elle perdit son fils aîné Jésus, qui devait s'occuper de la famille.

Lors de la visite de l'ange Gabriel, même si Marie avait eu connaissance de toutes les souffrances qu'elle allait devoir endurer, elle aurait sans doute donné la même réponse à l'ange, parce que c'était une femme de foi.

Voici donc les points forts de Marie de Nazareth :

- Elle fut choisie pour être la mère de Jésus, le Messie ;
- Elle fut présente aux côtés de Jésus, de sa naissance à sa mort ;
- Elle était disponible pour Dieu ;
- Elle connaissait et mettait en pratique les Écritures.

Sommes-nous aussi disponibles comme Marie pour le service de Dieu ?

Les leçons à retenir sur Marie de Nazareth sont les suivantes :

- Les meilleurs serviteurs de Dieu sont souvent les personnes ordinaires, mais disponibles pour lui ;
- Les plans de Dieu impliquent des événements extraordinaires dans la vie des hommes ordinaires ;
- Le caractère d'une personne est révélé par sa réaction face à l'imprévu.

Sa relation avec les femmes

Dans la culture juive du premier siècle de notre ère, les femmes étaient généralement traitées comme des citoyennes de deuxième classe, avec bien moins de droits que les hommes. Mais le Seigneur Jésus s'était opposé à ces barrières. En effet, il accordait une attention particulière aux femmes, et il traitait chacune avec le même respect. C'est cela, être l'homme le plus formidable.

Oui, le Seigneur Jésus honora toutes les femmes qui sont entrées en contact avec lui.

Il honora la femme samaritaine, alors même que les juifs n'avaient pas de relations avec les Samaritains (Jean 4 : 1-25).

Il ressuscita le fils d'une veuve (Luc 7 : 11-17).

Une femme pécheresse lui parfuma les pieds (Luc 7 : 36-50).

Un groupe de femmes voyagea avec lui (Luc 8 : 1-11).

Il offrit son pardon à une femme adultère (Jean 8 : 1-11).

Il visita les sœurs Marthe et Marie (Luc 10 : 38-42).

Il guérit une femme infirme (Luc 13 : 10-17).

Il guérit la fille d'une non-juive (Marc 7 : 24-30).

Des femmes en pleurs le suivirent sur le chemin de la croix (Luc 23 : 27-31).

Sa mère et d'autres femmes se rassemblèrent à la croix (Jean 19 : 25-27).

Il apparut à d'autres femmes après sa résurrection (Matthieu 28 :8-10).

Il apparut à Marie de Magdala (Marc 16 : 9-11).

Ainsi, le cercle de relations du Seigneur Jésus ne se limitait pas à ses 12 disciples, car plusieurs femmes faisaient partie de ses fidèles.

Assurément, dans ses rencontres avec les femmes, il fit preuve d'une grande sensibilité envers elles. C'est cela être l'homme le plus merveilleux.

Voulons-nous nous-mêmes être formidables ?

Alors honorons les femmes, traitons-les avec une grande sensibilité.

Respecter la femme est une condition essentielle pour être formidable.

SA MORT ET SA RESURRECTION

Pourquoi le Seigneur Jésus devait-il mourir ? (Marc 15).

En réalité, sa mort ne fut pas une défaite, mais une victoire contre le diable. Pour preuve, c'est qu'il ressuscita et qu'il vit pour toujours : il est aujourd'hui assis à la droite de Dieu dans les lieux célestes.

Voici ce que la mort et la résurrection du Seigneur Jésus-Christ nous ont apporté :

- La délivrance de l'esclavage du péché ;
- La délivrance de la domination des puissances et des autorités dans les lieux célestes ;
- La victoire sur le diable et ses démons ;
- L'accès à Dieu et à la vie éternelle.

Luc, le médecin, témoigna qu'après avoir souffert, Jésus se présenta vivant aux disciples et leur donna de nombreuses preuves : pendant quarante jours, il se montra à eux et parla de ce qui concerne le royaume de Dieu (Actes 1 : 3).

Oui, le Seigneur Jésus a vaincu la mort et a inauguré l'accès à la vie éternelle.

Un regard sur la résurrection et la seconde venue du Christ permet de voir en lui le Seigneur de l'Univers qui, grâce à sa mort, offre le salut à tous ceux qui croient en Lui.

Voici ce que Pierre nous révèle au sujet de l'homme le plus formidable :

« C'était une figure : nous aussi maintenant, nous sommes sauvés par un baptême qui ne consiste pas dans la purification d'une impureté physique, mais dans l'engagement d'une bonne conscience envers Dieu. Il nous sauve à travers la résurrection de Jésus-Christ, qui est monté au ciel, a reçu la soumission des anges, des autorités et des puissances et se trouve à la droite de Dieu. » (1 Pierre 3 :21-22).

Il défend ceux qui se confient à lui contre les accusations du diable. Il intercède pour eux afin qu'ils réussissent comme lui a réussi.

Par sa résurrection, le Seigneur Jésus a vaincu la mort. Assurément, dans toute l'histoire, aucun homme, aussi puissant qu'il pouvait être, n'a eu le pouvoir de vaincre la mort. Le Seigneur Jésus est le seul à avoir reçu le pouvoir sur la mort. C'est cela être l'homme le plus extraordinaire.

C'est pourquoi il est dit que toute personne qui croit en lui ne mourra pas.

Voici ce qu'il dit à Marthe avant de ressusciter son frère Lazare : « C'est moi qui suis la résurrection et la vie. Celui qui croit en moi vivra, même s'il meurt ; et toute personne qui vit et croit en moi vivra ; et toute personne qui vit et croit en moi ne mourra jamais. Crois-tu cela ? » (Jean 11 : 20-26).

Et Marthe lui répondit : « Oui, Seigneur, je crois que tu es le Messie, le Fils de Dieu, qui devait venir dans le monde. » (Jean 11 : 27).

LES PREUVES DE SA RESURRECTION

Le Seigneur Jésus confirma sa résurrection par ses apparitions.

Il apparut d'abord à Marie de Magdala pour montrer qu'il était bien ressuscité.

Voici en effet ce que Marc témoigna : « Ressuscité le dimanche matin, Jésus apparut d'abord à Marie de Magdala, dont il avait chassé sept démons. Elle partit l'annoncer à ceux qui avaient été avec lui et qui étaient tristes et pleuraient, mais quand ils entendirent qu'il était vivant et qu'elle l'avait vu, ils ne la crurent pas. » Marc 16 : 9-11).

Il se montra ensuite à plusieurs femmes.

Voici comment Matthieu témoigna de cet événement : « Elles s'éloignèrent rapidement du tombeau, avec crainte et une grande joie, et elles coururent porter la bonne nouvelle aux disciples. Et voici que Jésus vint à leur rencontre et dit : "Je vous salue." Elles s'approchèrent, s'agrippèrent à ses pieds et se prosternèrent devant lui. Alors Jésus leur dit : "N'ayez pas peur ! Allez dire à mes frères de se rendre en Galilée : c'est là qu'ils me verront." » (Matthieu 28 : 8-10).

Il apparut à Simon Pierre à Jérusalem, comme en témoignèrent Luc et Paul (Luc 24 : 34 ; 1 Corinthiens 15 : 5).

Il se montra à deux disciples sur le chemin d'Emmaüs.

Voici comment Marc rapporta cette apparition : « Après cela, il apparut sous une autre forme à deux d'entre eux qui se rendaient à la campagne. Eux aussi revinrent l'annoncer aux autres qui ne les crurent pas non plus. » (Marc 16 : 12-13).

Après cela, il se révéla aux onze disciples.

Marc témoigna que le Seigneur Jésus apparut aux onze pendant qu'ils étaient à table, et il leur reprocha leur incrédulité et la dureté de leur cœur, parce qu'ils n'avaient pas cru ceux qui l'avaient vu ressuscité (Marc 16 : 14 ; Luc 24 : 36-43).

Ensuite, il apparut à tous les disciples, avec Thomas, mais sans Judas.

Voici comment Jean témoigna cette apparition : « Huit jours après, les disciples de Jésus étaient de nouveau dans la maison et Thomas se trouvait avec eux. Jésus vint alors que les portes étaient fermées, se tint au milieu d'eux et dit : ″Que la paix soit avec vous !″ Puis il dit à Thomas : ″Avance ton doigt ici et regarde mes mains. Avance aussi ta main et mets-la dans mon côté. Ne sois pas incrédule, mais crois !″ Thomas lui répondit : ″Mon Seigneur et mon Dieu !″ Jésus lui dit : ″Parce que tu m'as vu, tu as cru. Heureux ceux qui n'ont pas vu et qui ont cru.″ » (Jean 20 : 26-29).

Il se montra encore à sept disciples alors qu'ils pêchaient, comme en témoigna son fidèle disciple, Jean (Jean 21 : 1-14).

Il apparut à nouveau à onze disciples sur la montagne.

Voici comment Matthieu témoigna de cet événement : « Les onze disciples allèrent en Galilée, sur la montagne que Jésus leur avait désignée. Quand ils le virent, ils se prosternèrent devant lui, mais quelques-uns eurent des doutes. Jésus s'approcha et leur dit : "Tout pouvoir m'a été donné dans le ciel et sur la terre. Allez donc, faites de toutes les nations des disciples, baptisez-les au nom du Père, du Fils et du Saint-Esprit et enseignez-leur à mettre en pratique tout ce que je vous ai prescrit. Et moi, je suis avec vous tous les jours, jusqu'à la fin du monde." » (Matthieu 28 : 16-20).

Il apparut encore à cinq cents personnes à la fois.

Voici comment l'apôtre Paul rapporta cet événement : « Après cela, il est apparu à plus de cinq cents frères et sœurs à la fois, dont la plupart sont encore vivants et dont quelques-uns sont morts. » (1 Corinthiens 15 : 6).

Rappelons que Paul témoigna de cette apparition au premier siècle de notre ère, et il qu'il écrivit cette lettre entre l'an 40 et l'an 67.

Il apparut aussi à Jacques, son frère, comme en témoigna Paul (1 Corinthiens 15 : 7).

Il apparut également aux disciples témoins de son ascension (Luc 24 : 44-49 et Actes 1 : 3-8).

L'apôtre Paul aussi a été témoin de la résurrection du Seigneur Jésus quand il lui est apparu sur le chemin de Damas (Actes 9 : 1-19).

Le Seigneur Jésus a fait ses apparitions pour montrer aux hommes qu'il était bien ressuscité.

Oui, le Seigneur Jésus est ressuscité, il est vivant et il vit pour toujours.

Le Seigneur Jésus continue aujourd'hui de montrer qu'il est ressuscité à quiconque le désire vraiment.

SES AMIS, SA FAMILLE, SON PROCHAIN

Ses amis

Le Seigneur Jésus a offert son amitié à toutes les personnes, sans distinction de race, de sexe, de classe sociale. Il appelle « ses amis » ceux qui l'écoutent.

Voici ce qu'il déclara à ses disciples : « Vous êtes mes amis si vous faites ce que je vous commande. » (Jean 15 : 14).

Aujourd'hui, le Seigneur Jésus offre son amitié à toute personne qui le désire. Et cette amitié commence dès que l'on s'engage à écouter et à faire ce qu'il a dit dans sa parole, c'est-à-dire dans la Bible.

Vous l'avez compris : vous êtes l'ami de l'homme le plus formidable si vous faites ce qu'il dit.

Sa famille terrestre

Comme toute personne, le Seigneur Jésus avait une famille. Son père adoptif s'appelait Joseph. Sa mère s'appelait Marie. Il avait des frères : Jacques, Joses, Jude et

Simon. Et il avait aussi des sœurs, même si leurs noms ne sont pas mentionnés dans le livre le plus vendu au monde (La Bible).

D'un point de vue charnel ou biologique, le Seigneur Jésus était issu d'une grande famille.

Avez-vous honte d'avoir plusieurs frères et sœurs ? Sachez que l'homme le plus bon venait aussi d'une grande famille.

Sa vraie famille

Le Seigneur Jésus appelle sa vraie famille ceux qui écoutent et mettent la parole de Dieu en pratique.

Voici comment Luc nous le rapporte : « La mère et les frères de Jésus vinrent le trouver, mais ils ne pouvaient pas l'approcher à cause de la foule. On lui dit : "Ta mère et tes frères sont dehors et ils désirent te voir." Mais il répondit : "Ma mère et mes frères, ce sont ceux qui écoutent la parole de Dieu et qui la mettent en pratique." » (Luc 8 : 19-21).

Aujourd'hui aussi, tout homme et toute femme peuvent faire partie de la vraie famille du Seigneur Jésus-Christ, à condition d'écouter la parole de Dieu et la mettre en pratique.

Son prochain

Le Seigneur Jésus appelle son prochain celui qui est dans le besoin. En effet, durant toute sa vie terrestre, il fut confronté aux besoins des gens, et considéra ces personnes dans le besoin comme ses prochains.

L'homme le plus formidable était sensible aux besoins de ses prochains et y pourvoyait. Oui, il pourvoyait aux besoins des autres quand il était sur terre.

Assurément, le Seigneur Jésus était un prochain, parce qu'il voyait les personnes dans le besoin comme ses prochains.

Il n'exploitait pas celui qui était dans le besoin. Il ne le voyait pas comme un problème à éviter. Mais il traitait celui qui était dans le besoin comme une personne à aimer, en répondant à son besoin. Oui, c'est cela être l'homme le plus formidable.

Et nous, aujourd'hui, exploitons-nous celui qui est le besoin ? Ou le voyons-nous comme un problème à éviter ? Ou encore un objet de curiosité ?

Apprenons que notre prochain est celui qui se trouve dans le besoin, quelles que soient sa race, sa religion et sa condition sociale.

SES PROMESSES

Le Seigneur Jésus-Christ promet la vie éternelle à ceux qui se confient en lui. Si nous croyons en cette promesse, il nous donnera le courage de tenir ferme, même dans l'épreuve.

Il a aussi fait d'autres promesses à ses disciples et à tous ceux qui croient en lui aujourd'hui.

En voici quelques-unes :

« Celui qui croira et qui sera baptisé sera sauvé, mais celui qui ne croira pas sera condamné. » (Marc 16 : 16).

« Voici les signes qui accompagneront ceux qui auront cru : en mon nom, ils pourront chasser des démons, parler de nouvelles langues, attraper des serpents, et s'ils boivent un breuvage mortel, celui-ci ne leur fera aucun mal ; ils poseront les mains sur les malades et ceux-ci seront guéris. » (Marc 16 : 17-18).

« Tout ce que vous demanderez en mon nom, je le ferai afin que la gloire du Père soit révélée dans le Fils. Si vous demandez quelque chose en mon nom, je le ferai. » (Jean 14 : 13-14).

Il a aussi promis le Saint-Esprit à ses disciples et à tous croient en lui.

Assurément, le Saint-Esprit est le meilleur cadeau que Dieu a donné aux croyants. Et le Seigneur Jésus l'a promis à tous ceux qui croient en lui. En effet, voici ce qu'il a dit à ses disciples : « Mais le défenseur, l'Esprit saint que le Père enverra en mon nom, vous enseignera toutes choses et vous rappellera tout ce que je vous ai dit. » (Jean 14 : 26).

Le Seigneur Jésus a encore promis : « Je ne vous laisserai pas orphelins, je reviens vers vous. » (Jean 14 : 18).

Il a aussi promis à ses disciples qu'il sera avec eux tous les jours jusqu'à la fin du monde (Matthieu 28 : 20).

Enfin, les promesses que le Seigneur Jésus a faites à ses disciples sont aussi pour tous ceux qui croient en lui aujourd'hui.

FACE AUX BESOINS DES GENS

Le Seigneur Jésus ne fuyait pas les besoins des gens, il allait plutôt à la rencontre de ces besoins.

Il démontrait par cette attitude qu'**aimer c'est aller vers des besoins**.

Il montrait aussi de cette façon que, pour Dieu, les vrais besoins de nos semblables passent avant l'obéissance à des règles et à des prescriptions.

Comme le Seigneur Jésus, prenons le temps d'aider les autres, même si notre image publique doit en souffrir.

Notre plus grand besoin c'est d'être sauvé. Oui, vous et moi avons besoin d'être sauvés. Le monde a besoin d'être sauvé. C'est pourquoi, le Seigneur Jésus est venu sur la terre : répondre au besoin de **sauver le monde**.

C'est ainsi que Jean le précisa : « Dieu, en effet, n'a pas envoyé son Fils dans le monde pour juger le monde, mais pour que le monde soit sauvé par lui. Celui qui croit en lui n'est pas jugé, mais celui qui ne croit pas est déjà jugé parce qu'il n'a pas cru au nom du Fils unique de Dieu. » (Jean 3 : 17-18).

Oui, être sauvé est notre plus grand besoin, et le Seigneur Jésus est la réponse à ce besoin.

Le Seigneur Jésus a non seulement répondu au besoin des hommes d'être sauvés, mais a aussi pourvu à d'autres besoins essentiels de l'être humain : manger, boire, la guérison, la santé, la vue, le respect, la considération, du pardon, la reconnaissance…

Ainsi, pour répondre au besoin de boire, il changea l'eau en vin lors des noces de Cana.

Et aussi, il nourrit quatre mille et cinq mille hommes pour répondre au besoin de manger.

Il guérit des personnes pour répondre au besoin de guérison et de santé.

Il pardonna aux hommes et aux femmes et il leur redonna la considération dont ils avaient besoin.

Il accueillit ceux qui étaient rejetés par la société et combla ainsi leur besoin de respect et de reconnaissance.

Durant tout son ministère terrestre, il ne fit que répondre aux besoins des gens.

Aujourd'hui encore, le Seigneur Jésus répond aux besoins des hommes et des femmes qui lui font confiance. Faisons-lui confiance en toute situation, même si nous ne comprenons pas tout : il trouvera toujours la meilleure solution pour répondre à nos besoins.

Voici l'observation que font les enseignants de l'Écriture : « Lorsque nous apportons nos problèmes au Christ, nous sommes parfois enclins à penser que nous savons comment il devrait agir et nous lui suggérons notre solution. Mais son plan peut être tout à fait différent. Ainsi, soumettons-nous à sa volonté, laissons-le agir à sa façon. »

Et ils nous donnent le conseil suivant : « Croyons en Christ, non pas à cause de ses pouvoirs extraordinaires, mais parce qu'il est le Dieu qui continue son œuvre de création, même en ceux qui sont pauvres, faibles, handicapés, orphelins, aveugles, sourds ou qui ont d'autres besoins. »

LES SECRETS DE LA REUSSITE DE L'HOMME LE PLUS FORMIDABLE

D'abord, le Seigneur Jésus était venu pour servir et non pour se faire servir. En effet, Matthieu, un de ses fidèles apôtres, témoigna que le Seigneur Jésus avait dit : « C'est ainsi que le Fils de l'homme est venu, non pour être servi, mais pour servir et donner sa vie en rançon pour beaucoup. » (Matthieu 20 : 28).

Chaque matin, **il s'attachait à servir Dieu et les autres**, jusqu'à donner sa vie pour eux.

Comment servons-nous Dieu et autrui ? Sommes-nous capables de servir, au point de donner notre vie pour Dieu et notre prochain ?

Il répondait aux besoins des gens sans attendre un retour de leur part. Oui, il ne fuyait pas les nécessités des gens, mais il allait à la rencontre de leurs besoins.

Il aimait profondément Dieu et les personnes, créées à l'image de Dieu. Car tout ce qu'il faisait sur terre était motivé par son amour pour Dieu et ses semblables. C'est cela être l'homme le plus formidable.

Le Seigneur Jésus ne luttait pas pour ses droits, mais il prenait ses responsabilités.

Attachons-nous à prendre nos responsabilités plutôt qu'à lutter pour nos droits. Disons-nous plutôt : Que puis-je faire pour mon foyer, ma famille, la société et mon prochain au lieu de me demander ce que ma famille et les autres pourraient faire pour moi.

Condamné, le Seigneur Jésus avait souffert sans se plaindre.

C'était un homme attaché au bien.

C'est en suivant son exemple que Paul, un de ses disciples, écrivit : « Que l'amour soit sans hypocrisie. Ayez le mal en horreur, attachez-vous au bien. » (Romains 12 : 9).

Il passait beaucoup de temps dans la prière, c'est-à-dire en présence de Dieu. Pour preuve, voici le témoignage de Luc sur ce que fit Jésus avant de choisir ses disciples : « Á cette époque-là, Jésus se retira sur la montagne pour prier ; il passa toute la nuit à prier Dieu. » (Luc 6 : 12).

Le Seigneur Jésus accordait une attention particulière aux femmes, et il traitait chacune avec le même respect. Oui, il faisait preuve d'une grande sensibilité envers les femmes. C'est cela être l'homme le plus formidable.

Ainsi, l'homme qui veut être heureux, béni et formidable doit traiter la femme avec amour et respect. De même pour la femme qui veut être heureuse, bénie et formidable : elle doit traiter l'homme avec amour et respect.

Le Seigneur Jésus rendait gloire à Dieu en lui manifestant sa reconnaissance pour toute chose.

En effet, il ne s'attribuait pas à lui-même le mérite des miracles qui se produisaient dans son ministère. Il attribuait le mérite à Dieu et le remerciait pour toute chose.

Il ne recherchait pas sa propre gloire mais la gloire du Père, c'est-à-dire la gloire de Dieu.

Voilà pourquoi il pouvait dire à ses disciples : « Tout ce que vous demanderez en mon nom, je le ferai afin que la gloire du Père soit révélée dans le Fils. » (Jean 14 : 13).

Le Seigneur Jésus utilisait ses ressources pour aider les autres et non pour son intérêt personnel.

Il était souvent rempli de compassion avant d'aider les personnes (Marc 6 : 34).

Ainsi, Matthieu témoigna qu'il était rempli de compassion le jour où il guérit deux mendiants aveugles (Matthieu 20 : 34).

Et Marc rapporta qu'il était plein de compassion le jour où il nourrit cinq mille hommes.

LE BON BERGER

Le Seigneur Jésus était le bon berger, parce qu'il prenait soin de ceux qui le suivaient. Oui, il est encore le bon berger aujourd'hui et il le restera pour toujours, parce qu'il continue et continuera de prendre soin de ceux qui le suivent (Jean 10).

En tant que bon berger, le Seigneur Jésus est le meilleur guide, il conduit les brebis avec amour, patience et respect.

Jean, disciple fidèle et ami, attesta que Jésus dit : « Je suis le bon berger. Le bon berger donne sa vie pour ses brebis. » (Jean 10 : 11).

Comme bon berger, le Seigneur Jésus donne la vie aux brebis, il offre en plus une vie abondante et pleine. Cette vie est éternelle, et pourtant elle commence dès maintenant.

La vie en Christ est infiniment meilleure, parce qu'elle donne accès à l'abondance de son pardon, de son amour et de ses directives. Est-ce la vôtre ?

Avez-vous besoin du pardon de Dieu, de l'amour divin et de ses directives ?

Vous savez maintenant à qui se confier : à Jésus-Christ, le bon berger.

En tant que bon berger, le Seigneur Jésus nous mène au salut. Il nous offre un abri et nous assure de sa protection. Même si cette affirmation peut paraître déplaisante, **le Seigneur Jésus est l'unique chemin qui nous permet de parvenir à Dieu**. Il est le Fils de Dieu, pourquoi chercherions-nous un autre chemin pour nous approcher du Père, c'est-à-dire de Dieu ?

Pour s'approcher de Dieu, pourquoi vouloir épuiser toutes les autres possibilités avant d'essayer Jésus ?

SA REPUTATION

La réputation du Seigneur Jésus s'est faite, par la grâce de Dieu, par les choses extraordinaires qu'il accomplissait, et le bien qu'il faisait tous les jours. C'est cela être l'homme le plus extraordinaire.

Pour preuve, le témoignage de Marc sur la façon dont sa réputation gagna toute la Galilée :

« Ils se rendirent à Capharnaüm. Dès le jour du sabbat, Jésus entra dans la synagogue et se mit à enseigner. On était frappé par son enseignement, car il enseignait avec autorité, et non pas comme les spécialistes de la loi. Il y avait dans leur synagogue un homme qui avait un esprit impur. Il s'écria : "Ah ! Que nous veux-tu, Jésus de Nazareth ? Es-tu venu pour nous perdre ? Je sais qui tu es : le Saint de Dieu." Jésus le menaça en disant : "Tais-toi et sors de cet homme." L'esprit impur sortit de cet homme en le secouant violemment et en poussant un grand cri. Tous furent si effrayés qu'ils se demandaient les uns les autres : "Qu'est-ce que ceci ? Quel est ce nouvel enseignement ? Il commande avec autorité même aux esprits impurs, et ils lui obéissent." Et sa réputation gagna aussitôt toute la région de la Galilée. » (Marc 1 : 21-28).

Le Seigneur Jésus-Christ gagnait en réputation, parce qu'il était un homme d'action et de parole.

Hier comme aujourd'hui, le Seigneur Jésus-Christ est à l'image de ce que dit David dans le Psaume 138 : 2. **Il surpasse sa réputation dans l'accomplissement de ses promesses.**

Ainsi, la réputation du Seigneur Jésus-Christ durera toujours parce qu'il continue à accomplir ses promesses envers ceux qui croient en lui (Jean 14 : 13).

SA MISSION

Dès l'âge de douze ans, lors de sa visite au temple, le Seigneur Jésus savait déjà quelle était sa mission. Mais, il dut attendre encore dix-huit ans pour se faire baptiser et pouvoir s'y consacrer pleinement. Alors qu'il priait, Dieu se manifestait et le confortait dans sa décision d'agir. Dieu a fait son entrée dans l'histoire humaine à travers Jésus le Christ.

Il est très difficile de se représenter le sauveur du monde, avant de commencer sa mission, en train de travailler dans un petit atelier de charpentier jusqu'à l'âge de trente ans. S'il accepta de rester à Nazareth pendant tout ce temps, c'est parce qu'il attendait patiemment l'heure fixée par son Père (Dieu) pour commencer son ministère public.

Sommes-nous face à la tentation de brûler les étapes et de nous lancer avant que le Saint-Esprit nous y autorise ? Comme le Seigneur Jésus, résistons à cette tentation, sachons attendre le moment fixé par Dieu.

La mission du Seigneur Jésus-Christ était de venir sauver les hommes et les femmes de la perdition en leur offrant un salut gratuit. Ainsi, Jésus est un don de Dieu pour le salut des hommes et des femmes qui croient en lui. Voici ce que Jean témoigna : « En effet, Dieu a tant aimé le monde qu'il a donné son Fils unique, afin que quiconque croit en lui ne périsse pas mais ait la vie éternelle. » (Jean 3 : 16)

Le Seigneur Jésus avait accepté la sanction que nous méritons, il avait payé le prix fort pour que nos péchés soient effacés, et il nous avait fait don de la vie nouvelle qu'il avait acquise pour nous.

Sa vie, son œuvre et sa mort étaient entre les mains de Dieu souverain, et sa mission obéissait au plan et au calendrier divins.

« Aussi, le Seigneur Jésus-Christ avait pour mission de **révéler Dieu au monde**, c'est-à-dire de montrer qui est Dieu et comment il est véritablement. Car il savait exprimer les idées difficiles et en faciliter la compréhension. Il a exprimé l'amour de Dieu au moyen de paroles et d'enseignements, surtout par sa vie. Grâce à l'examen de ses œuvres, de ses principes et de ses attitudes, la personne de Dieu nous apparaît plus clairement. » (Luc 10 : 22).

La mission du Seigneur Jésus a une portée universelle, parce qu'il est venu sur terre afin de mourir pour les péchés du monde. Les hommes ont tendance à limiter les bienfaits de Dieu au groupe auquel ils appartiennent, mais le Seigneur Jésus refuse de se laisser enfermer par les barrières érigées par eux. C'est en cela qu'il est l'homme le plus formidable.

Les enseignants de l'Écriture résument ainsi la mission du Seigneur Jésus : « Jésus est venu sur la terre pour accomplir la mission la plus importante de l'humanité : sauver le monde. »

Le Seigneur Jésus avait encore pour mission de **nous délivrer la condamnation du diable**, par son sang versé sur la croix de Golgotha. Alors qu'il n'avait jamais péché, il s'était offert volontairement à notre place pour payer le prix de la rançon. Ainsi, grâce à sa mort sur la croix, toute personne qui croit en lui ne périra point, mais elle aura la vie éternelle.

Sa mission avait aussi pour but de **ramener la paix**.

Oui, avant sa venue au monde, sa mission était déjà annoncée par les prophètes de l'Ancien Testament. Tel Michée, entre 742 et 687 avant notre ère, qui prédisait sur la mission du Seigneur Jésus :

« Il se présentera et les conduira avec la force de l'Éternel, avec la majesté du nom de l'Éternel, son Dieu, et ils auront une habitation assurée, car sa grandeur sera reconnue jusqu'aux extrémités de la terre. C'est lui qui ramènera la paix. Lorsque l'Assyrien viendra dans notre pays et qu'il pénétrera dans nos palais, nous enverrons contre lui sept bergers et huit princes du peuple. » (Michée 5 : 3-4).

Ainsi, grâce la première venue du Christ, nous pouvons connaître la paix avec Dieu, sans crainte de jugement, sans conflits ni culpabilité.

Voici ce que les enseignants de l'Écriture disent sur ce sujet : « La paix de Christ nous donne de l'assurance en dépit des guerres. La seconde venue du Christ mettra fin à toutes les guerres ; toutes les armes seront détruites. »

Enfin, le Seigneur Jésus avait confié une **mission universelle à ses disciples**. Matthieu en témoigna : « Jésus s'approcha et leur dit : "Tout pouvoir m'a été donné dans le ciel et sur la terre. Allez donc, faites de toutes les nations des disciples, baptisez-les au nom du Père, du Fils et du Saint-Esprit et enseignez-leur à mettre en pratique tout ce que je vous ai prescrit. Et moi, je suis avec vous tous les jours, jusqu'à la fin du monde." » (Matthieu 28 : 18-20).

Oui, le Seigneur Jésus est le roi spirituel, capable de vaincre le mal et de diriger les cœurs. Et il nous ordonne aujourd'hui d'annoncer l'Évangile autour de nous et de faire de nouveaux disciples pour le royaume.

SES ADVERSAIRES ET SON COMBAT

L'homme le plus formidable avait aussi des ennemis.

D'abord, il avait pour adversaires principaux le diable et ses démons. Satan, qui avait exercé un pouvoir sans partage depuis des milliers d'années sur terre, s'opposait à toute son œuvre, mais se voyait maintenant dominé et maîtrisé par Jésus et le royaume des cieux.

« Jusqu'à aujourd'hui, le diable s'oppose à l'œuvre de Jésus dans le monde ; mais la bonne nouvelle c'est que, quelle que soit l'étendue du pouvoir exercé par Satan, le Christ est encore plus puissant ; il le liera et triomphera de lui pour l'éternité. » (Apocalypse 20 : 2-10).

Ensuite, le Seigneur Jésus avait aussi pour opposants des gens de sa propre patrie, à savoir les Pharisiens, les spécialistes de la loi et les chefs des prêtres. Ils s'étaient opposés à son ministère du début jusqu'à la fin. Mais leur action n'avait pas empêché le Seigneur Jésus d'accomplir fidèlement son œuvre.

Le Seigneur Jésus avait combattu Satan et ses agents, et aussi résisté aux tentations dans le désert. Et, à sa résurrection, il avait vaincu l'arme suprême du diable qui est la mort.

Il avait lutté contre le mal tout au long de son ministère, non pas avec ses mains ou des armes de guerre, mais par le Saint-Esprit et la puissance de sa parole.

Ce combat n'était pas un combat charnel mais spirituel.

Le Seigneur Jésus avait vaincu le mal par le bien et par les armes de Dieu. Comme il s'agissait d'un combat spirituel, il lui fallait des armes spirituelles.

Voici ce que Paul écrivit aux Éphésiens pour rappeler la réalité de ce combat spirituel contre le mal : « Revêtez-vous de toutes les armes de Dieu afin de pouvoir tenir ferme contre les manœuvres du diable. En effet, ce n'est pas contre l'homme que nous avons à lutter, mais contre les puissances, contre les autorités, contre les souverains de ce monde de ténèbres, contre les esprits du mal dans les lieux célestes. » (Éphésiens 6 : 11- 12).

Et Paul mentionne les armes de Dieu qu'il faut avoir pour lutter contre Satan et le mal :

« C'est pourquoi, prenez toutes les armes de Dieu afin de pouvoir résister dans le jour mauvais et tenir ferme après avoir tout surmonté. Tenez donc ferme : ayez autour de votre taille la vérité en guise de ceinture ; enfilez la cuirasse de la justice ; mettez comme chaussures à vos pieds le zèle pour annoncer l'évangile de paix ; prenez en toutes circonstances le bouclier de la foi, avec lequel vous pourrez éteindre toutes les flèches enflammées du mal ; faites aussi bon accueil au casque du salut et à l'épée de l'Esprit, c'est-à-dire la parole de Dieu. Faites-en tout en temps par l'Esprit toutes sortes de prières et supplications. Veillez à cela avec une entière persévérance et en priant pour tous les saints.» (Éphésiens 6 : 13-18).

Tous ceux qui suivent Jésus font face au combat contre Satan.

Voici ce que Jean témoigna : « Furieux contre la femme, le dragon s'en alla faire la guerre au reste de sa descendance, à ceux qui respectent les commandements de Dieu et qui gardent le témoignage de Jésus. » (Apocalypse 12 : 17).

Dès l'instant où une personne croit en Jésus, les démons deviennent ses ennemis, et ils ont recours à tous les moyens pour la détourner de lui. C'est pourquoi nous devons combattre jusqu'à son retour, car Satan lutte contre ceux qui suivent le Seigneur Jésus.

Pour vaincre le diable, nous avons besoin d'une puissance surnaturelle que Dieu nous fournit en faisant demeurer son Esprit en nous et en nous protégeant de son armure.

Voici l'avertissement que donnent les enseignants de l'Écriture :

« Il est impossible de rester neutre face au Christ. Ne pas le suivre activement, cela revient à choisir de le rejeter. Toute personne qui cherche à rester neutre dans la lutte entre le bien et le mal choisit, en fait, d'être séparée de Dieu, puisque lui seul est bon. Refuser de suivre le Christ équivaut implicitement à choisir le camp de Satan. »

UN VRAI RESPONSABLE

Le Seigneur Jésus était un vrai responsable.

Marc dévoila quelques traits marquants du caractère de Jésus. Ainsi, en tant que dirigeant, le Seigneur Jésus était, et est toujours :

- Compatissant ;
- Médecin ;
- Juste et bon ;
- Serviteur ;
- Roi de toute la création.

Les chercheurs et les témoins oculaires témoignèrent que le Seigneur Jésus, durant sa vie terrestre, avait non seulement dévoilé sa grande puissance, mais aussi fait preuve d'une très grande compassion.

Lorsque le Seigneur Jésus exerçait son autorité sur la nature, les mauvais esprits et la mort, **c'était par compassion pour les êtres humains**, créés à l'image de Dieu.

Voici ce qui arrive à un mauvais responsable : il s'entoure de mauvais conseillers, il est dangereux, les sots sont honorés et le peuple désespère.

Le Seigneur Jésus, en tant que dirigeant, avait montré qu'il était un très bon responsable:

- Il réconfortait le peuple, qui était dans l'espérance (Marc 3 : 7-10 ; 6 : 53-56 ; 7 : 31-37 ; Luc 5 : 15-26) ;
- Il écoutait avant de répondre (Luc 2. 46 ; Marc 10 : 17-22) ;
- Il était disposé à apprendre – comme nous l'avons vu plus haut, à l'âge de douze ans, il écoutait et interrogeait les maîtres dans le temple (Luc 2 : 46) ;
- Il résistait aux pressions (Jean 8 : 1-11, Marc 1 : 23-26) ;
- Il ne punissait pas les gens à cause de leur honnêteté (Jean 8 : 1-11 ; 20 : 24-29) ;
- Il ne se laissait pas griser par les éloges (Luc 18 : 18-19).

Ainsi, en tant que bon responsable, le Seigneur Jésus allait vers tous ceux qui avaient besoin d'aide. Il montrait par cette attitude qu'un vrai responsable avait le cœur d'un serviteur. Oui, c'est en cela aussi qu'il est l'homme le plus le formidable de l'histoire humaine.

Ses contacts

Le Seigneur Jésus rencontra toutes sortes de personnes. Il démontra par là qu'il prenait soin de tous, que l'on soit célèbre ou inconnu, riche ou pauvre, jeune ou vieux, pécheur ou saint. Pour lui, personne n'était hors d'atteinte. Oui, c'est cela être l'homme le plus formidable.

Voici des exemples illustrant cela :

- Le Seigneur Jésus parla avec un collecteur d'impôts qui était méprisé (Matthieu 9 : 9) ;
- Il parla avec un démoniaque qui avait perdu la raison (Marc 5 : 1-15) ;
- Il parla avec le gouverneur romain (Marc 15 : 1-15) ;
- Il fut en contact avec un jeune garçon possédé par un démon (Marc 9 : 14-29) ;
- Il s'entretint avec un chef religieux important, Nicodème (Jean 3 : 1-21) ;
- Il fut l'ami d'une femme au foyer ; en effet, il fut l'ami de Marthe, Marie et leur frère Lazare de Béthanie (Luc 10 : 38-42) ;
- Il s'entretint avec un professeur de la loi (Matthieu 22 : 35-40) ;
- Il parla avec un bandit (Luc 23 : 40-43) ;
- Il fut en contact avec un chef de la synagogue (Marc : 5-22) ;

- Il entra en contact avec des pêcheurs comme Simon Pierre et son frère André, Jacques fils de Zébédée et son frère Jean, qui tous les quatre font partie des apôtres, les premiers disciples de Jésus (Matthieu 4 : 18-22) ;
- Il parla avec un roi, Hérode (Luc 23 :7-11) ;
- Il s'entretint avec une pauvre veuve (Luc 7 : 11-17) ;
- Il s'entretint avec un officier de l'armée romaine (Luc 7 : 1-10) ;
- Il fut en contact avec un groupe d'enfants et il les bénit (Marc 10 : 13-16) ;
- Il fut en contact avec un prophète, Jean Baptiste (Matthieu 3 : 13-17) ;
- Il s'entretint avec une femme adultère (Jean 8 : 1-11) ;
- Il s'entretint avec une femme malade (Marc 5 : 25-34) ;
- Il parla avec un homme riche (Marc 10 : 17-23) ;
- Il parla avec un mendiant aveugle (Marc 10 : 46-52) ;
- Il s'entretint avec des dirigeants politiques juifs (Marc 12 : 13) ;
- Il fut ami avec un groupe de femmes qui le servaient en l'assistant de leurs biens (Luc 8 : 2-3) ;
- Il s'entretint avec le grand-prêtre Caïphe (Matthieu 26 : 57-68) ;
- Il s'entretint avec un lépreux rejeté par la société et le guérit (Luc 17 : 11-19) ;
- Il parla avec un officier du roi (Jean 4 : 46-54) ;
- Il fut en contact avec une jeune fille de douze ans et la guérit (Marc 5 : 41-43) ;

- Il fut en contact avec un traître, Judas l'Iscariot (Jean 13 : 1-4) ;
- Il s'entretint avec un homme paralysé et désespéré (Marc 2 : 1-12) ;
- Il fut au contact d'une foule de soldats et de gardes en colère (Jean 18 : 3-9) ;
- Il parla avec une femme étrangère d'origine syro-phénicienne (Marc 7 : 25-30) ;
- Il fut ami avec un disciple qui doutait (Jean 20 : 24-29) ;
- Il entra en contact avec un homme qui le détestait, Saul (Actes 9 : 1-9) ;
- Il s'entretint avec une femme samaritaine (Jean 4 : 1-26).

Ainsi, le cercle de contacts de Jésus ne limitait pas à ses 12 disciples.

SES DISCIPLES

Aucun maître dans l'histoire n'a eu autant de disciples que le Seigneur Jésus-Christ (Apocalypse 7 : 9).

Tous ses disciples non seulement avaient travaillé pour le royaume de Dieu, mais aussi avaient contribué à rendre le monde meilleur. Aujourd'hui encore, ses disciples œuvrent pour le royaume de Dieu et contribuent à rendre le monde meilleur. Et ils le feront jusqu'au retour du Seigneur Jésus.

À l'origine, il y avait douze disciples, les apôtres, mais aujourd'hui, le Seigneur Jésus a des millions de disciples dans le monde. Leur nombre est trop grand pour en faire le compte.

Personne d'autre que le Seigneur Jésus ne connaît le nombre exact de ses disciples. Et il les connaît tous par leur nom (Jean 10 : 1-16).

Aujourd'hui, qu'est-ce qu'être disciple du Seigneur Jésus ?

Être disciple du Seigneur Jésus implique que l'on mette de côté les désirs personnels et qu'on le suive. Voici ce que le Seigneur Jésus dit : « Si quelqu'un veut être mon disciple, qu'il renonce à lui-même, qu'il se charge de sa croix et qu'il me suive. » (Luc 9 : 23).

Pour les apôtres, cela allait signifier la persécution, et aussi la mort, au sens physique du terme.

Et pour la plupart des chrétiens aujourd'hui, cela revient à comprendre qu'ils lui appartiennent et que leur vie doit servir l'accomplissement de ses plans.

Sommes-nous prêts à renoncer à nous-mêmes, à nous charger de notre croix et à le suivre ? C'est le minimum pour une vie de disciple authentique, qui ne se résume pas à des paroles en l'air.

Voici la question posée par les enseignants de l'Écriture : « Lorsque nous considérons notre relation avec Dieu, est-ce que nous pensons d'abord à ce qu'elle peut nous apporter (et ce qui est énorme) ou à ce que nous pouvons faire pour notre Seigneur ? »

Leurs observations sur les disciples :

« Si la vie présente est ce qu'il y a de plus important à nos yeux, nous ferons tout pour la protéger : nous éviterons tout ce qui met notre existence, notre santé ou notre bien-être en danger. Si en revanche, c'est suivre Jésus qui est le plus important pour nous, nous serons prêts à courir le risque de nous retrouver en mauvaise posture et de perdre santé et confort. Confrontés à la mort, nous ne la redouterons pas, sachant que le Seigneur Jésus nous offrira la vie éternelle. »

Et leur conclusion : « Aucun bien matériel ne peut compenser la perte de la vie éternelle. Les disciples du Seigneur Jésus ne devaient pas employer leur temps sur la terre à satisfaire leurs propres désirs, mais à servir Dieu et les autres. ».

Le Seigneur Jésus révéla quelle sorte de vie il souhaitait voir ses disciples mener :

- Ils **ne commettent pas de meurtre** : ils évitent de tuer, ils évitent toute colère ou haine (Matthieu 5 : 21-22) ;
- Ils **donnent des offrandes** : oui, ils doivent faire régulièrement des dons, et ils doivent avoir une relation juste avec Dieu et les autres (Matthieu 5 : 23-26) ;
- Ils **évitent l'adultère** : ils doivent se garder de la convoitise et rester fidèles (Matthieu 5 : 27-30) ;
- Ils **ne divorcent pas** : ils doivent être légalement mariés, et respecter les engagements du mariage (Matthieu 5 : 31-32) ;
- Ils **respectent un serment** : ils évitent de prendre des engagements irresponsables et à la légère envers Dieu (Matthieu 5 : 33-37) ;
- Ils **ne font pas la vengeance** : oui, ils ne rendent pas leur propre justice, ils doivent au contraire manifester l'amour et la bonté envers les autres (Mathieu 5 : 38-47).

Chacun de ses disciples savait donc qu'il ne devait ni se venger ni garder rancune, mais qu'il devait aimer (Lévitique 19 : 18).

Le disciple ne devait pas témoigner à la légère contre quelqu'un. Il ne devait pas se venger, c'est-à-dire rendre la pareille à l'autre, car il savait que c'est Dieu qui paierait à chacun le salaire de ses actes (Proverbe 24 : 28-29).

Chaque disciple était appelé à donner à boire et à manger à un ennemi (Proverbe 25 : 21-22).

Chaque disciple devait être prêt à présenter la joue à celui qui le frappait. Il devait accepter l'insulte (Lamentations 3 :30-31).

LE PRIX QU'IL A PAYE

Bien qu'il fût l'homme le meilleur de toute l'histoire, le Seigneur Jésus était traité de fou et de démoniaque par ses opposants. Jean le rapporta : « Beaucoup d'entre eux disaient : "Il a un démon, il est fou. Pourquoi l'écoutez-vous ?" » (Jean 10. 20).

Si un jour on venait à vous traiter de fou ou de démoniaque, souvenez-vous que même l'homme le plus formidable fut traité ainsi.

Voici encore tout ce que le Seigneur Jésus paya comme prix par amour pour nous, c'est-à-dire par amour pour tous les hommes et toutes les femmes :

- Il connut le rejet par sa patrie – comme nous l'avons déjà vu – (Marc 12 : 10 ; 6 : 3-5 ; Matthieu 8 : 34 ; Luc 4 : 28-29) ;
- Un brigand fut préféré à lui (Luc 23 : 17-25) ;
- On l'arrêta comme s'il s'agissait d'un brigand (Luc 22 : 47-53) ;
- Il fut trahi par l'un de ses disciples, Judas (Luc 22 : 47-48) ;
- Il fut renié par l'un de ses disciples, Pierre (Luc 22 : 54-62) ;
- Les hommes qui le gardaient se moquèrent de lui, ils l'insultèrent et le frappèrent (Luc 22 : 63-65) ;

- On lui fit un faux procès par pure jalousie, juste pour le faire mourir (Luc 22 : 66-71 ; Matthieu 26 : 1-5) ;
- Il endura l'angoisse et sa sueur devint comme des caillots de sang qui tombaient par terre dans le jardin de Gethsémani (Luc 22 : 39-46) ;
- Il fut méprisé par Hérode et ses gardes (Luc 23 : 11-12) ;
- Les opposants et les soldats romains se moquèrent de lui (Luc 23. 35-36) ;
- Á place de l'eau, on lui donna du vinaigre comme pour étancher sa soif (Luc 23 : 36) ;
- Il fut conduit au lieu du supplice avec sa croix (Luc 23 : 26-31) ;
- Il fut séparé de Dieu pendant un moment (Luc 23 : 44-46) ;
- Il fut crucifié comme un brigand au milieu de deux malfaiteurs (Luc 23 : 32-49).

Le Seigneur Jésus a montré par sa crucifixion que le chemin du royaume passe par la croix.

CONCLUSION

Le but de ce livre était d'abord de montrer qui était le Seigneur Jésus, quelles étaient les étapes essentielles de sa vie terrestre et quelle était sa mission. Ensuite, d'inciter les hommes, les femmes et les enfants à être des personnes formidables, en suivant l'exemple du Seigneur Jésus. Pourquoi ?

Parce que le Seigneur Jésus est l'humain idéal, le modèle parfait à imiter. Il a répondu aux plus hauts idéaux humains, mais aussi aux exigences de Dieu pour l'expiation du péché.

Oui, le Seigneur Jésus était l'homme parfait qui s'était donné en sacrifice pour le péché de tous. Pour nous tous, il est à la fois l'exemple à suivre et le seul Sauveur.

Certes, il n'est pas facile de faire tout ce que le Seigneur Jésus a fait ; mais l'histoire de sa vie peut nous inciter à être des personnes attachées au bien.

Ce livre est aussi un hommage au Seigneur Jésus, car il a donné le meilleur de lui-même (sa vie) pour le salut de quiconque croit. Assurément, quand on connaît ce qu'il était et tout ce qu'il a fait, on a juste envie de lui répéter sans cesse : « Seigneur Jésus, merci d'être venu ! »

Et comme le Seigneur Jésus a dit qu'il sera avec nous tous les jours jusqu'à la fin du monde (Matthieu 28 : 20), on s'émerveille de lui dire : « Seigneur Jésus, merci d'être avec nous chaque jour ! Seigneur Jésus, merci d'être là ! »

Voici ce que Jean écrivit à la fin de son livre :

« C'est ce disciple qui rend témoignage de ces choses et qui les a écrites, et nous savons que son témoignage est vrai. Jésus a fait encore beaucoup d'autres choses. Si on les écrivait en détail, je ne pense pas que le monde entier pourrait contenir les livres qu'on écrirait. » (Jean 21 : 24-25).

Puisse l'histoire du Seigneur Jésus nous inspirer pour nous permettre d'être de bonnes personnes et ainsi contribuer à rendre le monde meilleur !

Autres ouvrages publiés par l'auteur

1- *Une décennie pour vaincre une maladie chronique*, publié par les éditions Oasis et disponible sur Amazon, 2017.

2- *Ce qu'ils ont dit à propos de ce que nous chérissons le plus,* édition BoD - Books and Demand, disponible sur Amazon, Fnac, kobo, Google Play, booknode, Babelio avril 2019

3- *Autrefois, j'étais le sanctuaire des maladies*, édition BoD-Books and Demand, disponible sur Amazon, Fnac, kobo, Google Play, booknode, Babelio, juillet 2019

4- *Ce qu'ils ont dit à propos de ce que nous redoutons le plus*, Amazon, décembre 2019

Coordonnées de l'auteur

- Mon courriel : duthel_steve@yahoo.fr

- Mon blog : https://vaincreadversite.fr

Merci à tous les lecteurs qui me lisent à travers la planète.

Que Dieu vous bénisse et vous rende formidables !

Table des matières

Introduction 7
Sa naissance 9
Son enfance 13
À trente ans 19
Son enseignement 23
Ses habitudes 30
Ses miracles 32
Sa vie 40
Son autorite 41
Le rejet de Jesus par sa patrie 43
Son service 45
Le royaume de Dieu et son retour 47
Son amour 49
Ses noms 53
Sa gouvernance 56
Son pere terrestre 58
Sa mere, Marie de Nazareth 61
Sa relation avec les femmes 64
Sa mort et sa resurrection 66
Les preuves de sa resurrection 69
Ses amis, sa famille, son prochain 73
Ses promesses 76
Face aux besoins des gens 78
Les secrets de la reussite de l'homme le plus formidable 81
Le bon berger 84
Sa reputation 86
Sa mission 88
Ses adversaires et son combat 92
Un vrai responsable 95
Ses contacts 97

Ses disciples	100
Le prix qu'il a paye	104
Conclusion	106